Dieses Buch gehört:

unser

Anne - Marie

Das Kochbuch aus dem Ruhrgebiet

gesammelt, aufgeschrieben und ausprobiert von

Gisela und Hedi Allkemper

mit einem Vorwort von

„Kumpel Anton" Wilhelm H. Koch

verlegt von

Wolfgang Hölker

ISBN 3-88117-000-6
VVA-Nr. 28000001

Printed in Germany
Imprimé en Allemagne
Herstellung: Druckhaus Cramer, Greven
Buchbinderische Verarbeitung:
Klemme und Bleimund, Bielefeld

Inhalt

Ein Zwiebelken mehr dran

„Anton," sachtä Cervinski für mich,
„Neulich wa unser dicke Tante Matta da,
Diesma wa se nich am meckern,
Diesma wa se am schwärm!
'Junge,' sachze, 'als ich grade inne Schule gink,
Da musst ich unsern Fatter mittachs
Immer den Henkelmann am Fabriktor bringen.
Da kam er da in sein Blaumann an,
Den Deckel appgenomm, un dann am strahlen:
'Aha, Stielmus durchenander,
Un denn mitten orntlich Stück Schweinebauch!
Un denn fink er for seine Kollegen am strunzen,
Watt sein Mütterken prima kochen können tät.
Un wenn dä Henkelmann alle wa,
Dann strich er mich über de Haare:
'Mattaken,' sachter, 'sach unser Mutter,
Wennse heute aamt Reibepläzzkes macht,
Sollse n Zwiebelken mehr dran tun,
Ich mach datt so gern."

'Junge,' sacht unser dicke Tante Matta,
Dat waan noch Zeiten bei unser Ommas,
Fiel Gelt hattense nich,
Aber richtich orntlich kochen, datt konntense,
Ärpsensuppe mitten Bratherink,
Oder weisse Bohn mit Sauerkraut,
Oder rote Grüzze mit frische Milch.
Un heute? Son Himpamp ausse Dose,
Oder inne Kantine mitti Einheizsosse!
Kein Wunder, datt auf Schalke die Flaschen fliegen,
Wenn die Männer nix Richtiget im Bauch ham!

Aber wo solln die Fraun dat auch her ham?
Is ja kein mehr da, der sie dat sacht!
Fingernägel lackieren, Ha onduliert,
Aber dazzi einen sacht, datt anne Ärpsensuppe
Unbedinkt Majoran gehört, wer sacht sie dat?
Un deswegen istat gut, Anton,
Dazzichta n pa gefunn ham,
Die dat aufgeschriem ham,
Wie leckersch dat Folk im Ruhrgebiet wa,
Un wie leckersch dat immer noch is."

„Kumpel Anton"
W. H. Koch

fig. 1

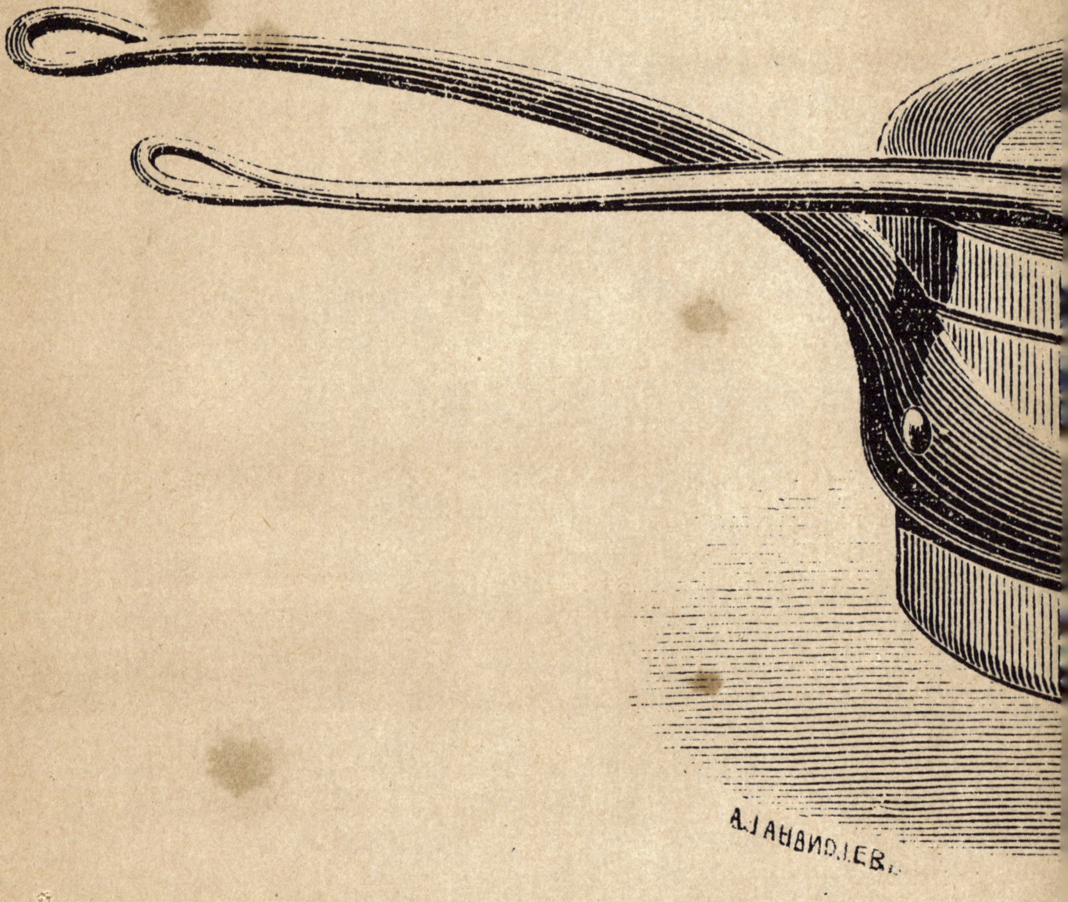

Suppen

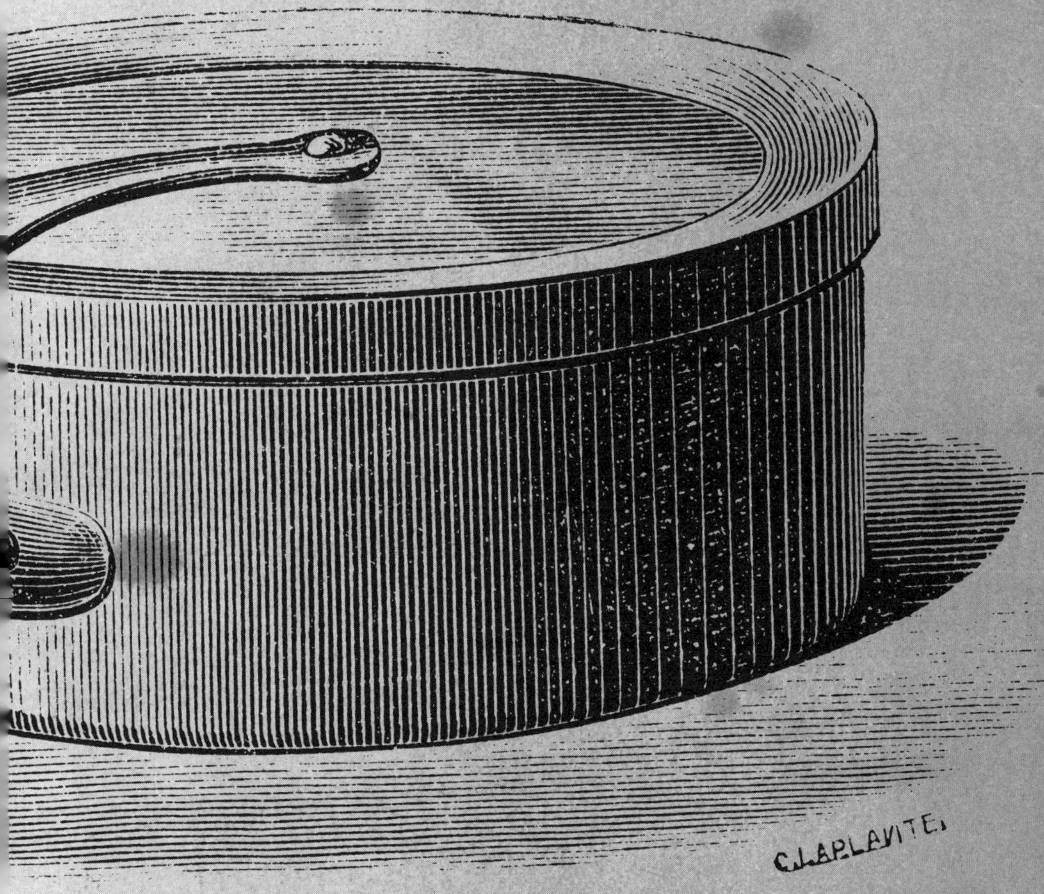

FLEISCHBRÜHEN

Rindfleischsuppe

Die Rindfleischsuppe gehört im Ruhrgebiet zu den beliebtesten sonntäglichen Vorsuppen. Sie wird nach dem allgemein bekannten Grundrezept gekocht. Außer den üblichen Einlagen wie Spargel, Eierstich und Klößchen werden auch Kartoffeln und selbstgemachte Nudeln beigefügt.

1. Art: Nudeleinlage:

125 g Mehl werden gesiebt und mit 2 Eiern so verknetet, daß der Teig glatt ist und sich ziehen läßt. Er wird ohne Wasser zubereitet. Man rollt den Teig ganz hauchdünn aus, läßt ihn etwas antrocknen und schneidet ihn in ganz feine Streifchen, die auch nicht zu lang sein sollten.

Die frischen Nudeln kochen noch 8 Minuten lang in der Suppe mit. Sollten es zu viele Nudeln sein, so trocknen sie noch einen Tag an der Luft und werden bis zum Verzehr in einer gut schließenden Dose aufbewahrt. Diese getrockneten Nudeln benötigen noch eine Kochzeit von 12 Minuten.

2. Art: Dicke Nudelsuppe:

250 g Bandnudeln werden die letzten 15 Minuten lang mitgekocht. Diese Suppe sättigt sehr stark. Sie ist weniger eine Vor-Suppe als vielmehr eine Hauptmahlzeit, da das kleingeschnittene Fleisch und die Gemüse in der Suppe verbleiben.

3. Art: Kartoffeleinlage, wie man sie in Bottrop kennt: Eine gekochte Kartoffel wird mit einer Gabel im Suppenteller zerdrückt. Darüber gießt man die Suppe.

4. Art: Kartoffeleinlage aus Gelsenkirchen:

Dort werden rohe, geschälte Kartoffeln in Stifte geschnitten und die letzten 10 Minuten in der Suppe mitgekocht.

Taubensuppe

Schon zu Großmutters Zeiten galt „Taubensuppe" als besonders bekömmlich für Kranke und Rekonvaleszenten.
Da im Ruhrgebiet viele Brieftauben zu Preisflügen gehalten werden, ist die Verwertung alter Tiere zur Suppe sehr beliebt. Tauben, die nicht reinrassig und zur Zucht nicht geeignet sind und nur als „unnütze Fresser" gelten, werden jung geschlachtet (nach 6 Monaten wird das Fleisch zäh) und gebraten.
Rezepte dazu s. Seite 42 u. 43.
Taubensuppe kocht man wie Rindfleischsuppe mit Sellerieblättern, Porrée, Zwiebel und Möhre etwa 1 ½ Stunden lang. Das gargekochte Fleisch findet als Ragout (Rezept s. Seite 42) oder als Suppeneinlage Verwertung.

1. Das Fleisch kleinschneiden und in die Suppe zurückgeben.
2. Taubenklößchen:

Das Taubenfleisch wird durch den Fleischwolf gedreht. 40 g Butter wird in der Pfanne zerlassen und mit 1 Ei, Salz, Muskat und 2 Eßlöffeln gehackter Petersilie verrührt. 100 g Grieß und das durchgedrehte Taubenfleisch mengt man unter und läßt den Brei 10 Minuten lang stehen. Dann formt man mit 2 Teelöffeln kleine Klößchen, läßt sie in kochendes Salzwasser gleiten und 15 Minuten lang leise kochen. Danach setzt man den Topf von der Feuerstelle und läßt die Klöße noch einmal 15 Minuten lang ziehen. Sie werden als sättigende, aber leichte Einlage in die Suppe gegeben.
In vielen Fällen werden diese Klöße aber auch in einer hellen Soße (s. Seite 88) zu Salzkartoffeln und Salat gegessen.

GEBUNDENE SUPPEN

Graupensuppe

Eine seit dem Mittelalter gut erhaltene Speise ist die Graupensuppe. In allen einschlägigen Texten, in denen sie erwähnt wird, tritt sie als sparsame und sättigende Mittagsmahlzeit auf. Wer besonders hungrig war, bekam ein Marmeladenbrot dazu. Hier das Original-Rezept aus Mutter Dorothees (Bochum) handgeschriebenem Kochbuch aus dem Jahre 1894:

1 Tasse Graupen, 1 Stück Butter (eigroß), Salz, Bouillon, 1 Eigelb

„Ein Topf mit einer Tasse Graupen wird aufgesetzt, dazu kommt 1 Stück Butter, wie ein Ei groß, etwas Salz und übriggebliebene Bouillon, soviel man Suppe haben will. Dann wird die Suppe so lange gekocht, bis die Graupen weich sind, dann wird sie mit einem Eigelb eingerührt."
Da man die Graupensuppe nicht sehr schätzte, hat man sie abgeändert und ißt sie heute als

„Blauer Heinrich"

so: *750 g Rindfleisch oder Hammelfleisch, 200 g Graupen, 2 l Wasser, 1 Stange Porrée, Salz, Maggi, 500 g Kartoffeln*

Das Fleisch wird 1 Stunde lang vorgekocht. Dann setzt man die Graupen zu und kocht sie in der Brühe 1 Stunde lang. Die Kartoffeln werden geschält und in Würfel geschnitten, der Porrée geputzt und in Ringe geschnitten und zur Brühe gegeben. Man kocht das Ganze noch einmal 15 Minuten lang und schmeckt dann mit Salz und Maggi ab. Das Fleisch wird kleingeschnitten und in der Suppe serviert.

Saure Pilzsuppe

im Sept. sind Pilze billig

1 kg Pilze (Champignons, Mischpilze, Pfifferlinge), 500 g Kartoffeln, 2 l Wasser, 1 Bund Suppengrün, Salz, ½ Teelöffel Kümmel, 40 g Mehl, 100 g gewürfelter, geräucherter Speck, Essig

Pilze säubern und eventuell einmal durchschneiden. Speck wird im Topf zerlassen, die Pilze werden darin angebraten, das geputzte und kleingeschnittene Suppengrün wird ebenfalls angebraten. Man löscht mit Wasser ab, würzt mit Salz und Kümmel und kocht die rohen, gestiftelten Kartoffeln mit. Nach 15 Minuten Kochzeit wird die Suppe mit Mehl gebunden und mit Essig sauer abgeschmeckt.
Moderne Abwandlung:
Wenn Pilze aus der Dose verwertet werden, dann verringert sich die Kochzeit erheblich.

Speck & Zwiebeln nicht vergessen!

Duisburger Zwiebelsuppe

ist ein guter Muntermacher bei einem Kater und als Aschermittwochessen sehr beliebt.

500 g Zwiebeln, 1 kg Kartoffeln, 2 l leichte Brühe, Salz, Pfeffer, 1 - 2 Eßlöffel Essig, etwas Zucker, 4 Mettendchen oder 250 g Bratwurst, 60 g durchwachsener Speck, 60 g Butter

Die Zwiebeln und die Kartoffeln werden kleingeschnitten und in der Brühe weichgekocht. Man zerstampft sie und würzt die Suppe mit Salz, Pfeffer, Essig und Zucker. Wenn man Mettendchen bevorzugt, so kocht man diese in der Suppe mit und schneidet sie danach in Stücke. Speckwürfel werden in der Butter ausgelassen und in die Suppe eingerührt. Bevorzugt man aber Bratwurst, so brät man diese in der Butter mit den Speckwürfeln zusammen an, schneidet sie in Stücke und mengt dann Fleisch, Speck und Fett in die Zwiebelsuppe.

Pommersche Geflügelsuppe

Geflügelreste (Ente, Gans, Huhn, Taube), 2 l Wasser, Suppengrün, 20 g Fett, 30 g Mehl, 500 g gewürfelte Kartoffeln, Salz, Pfeffer, Petersilie, ½ Glas Wein, 2 - 3 Eßlöffel Milch oder Sahne

Aus den Geflügelresten eine Suppe kochen. Anschließend eine Einbrenne herstellen, die mit der Brühe aufgefüllt wird. Danach die geschälten und gewürfelten Kartoffeln hinzufügen. Nochmals 15 Minuten lang kochen. Nun mit Salz und Pfeffer abschmecken. Zum Schluß Petersilie überstreuen. Verfeinern kann man die Suppe mit Wein und Milch oder Sahne.

Fischsuppe

1 kg gewässerter Stockfisch (s. Seite 50) oder frischer Seefisch, 1 ½ l Wasser, Salz, 1 Lorbeerblatt, 4 Pfefferkörner, 2 Zwiebeln, Suppengrün, 40 g Butter, 40 g Mehl, ¼ l Milch, Suppenwürze, Zitronensaft oder Weißwein, 1 Eßlöffel frischer Dill, Schnittlauch oder Petersilie

Der Fisch wird mit den Gewürzen und dem Suppengrün zum Kochen gebracht und 10 - 20 Minuten lang leise gekocht. Danach nimmt man ihn heraus und gießt die Suppe durch ein Sieb. Den Fisch verwertet man zu Fischgulasch (s. Seite 51) oder schneidet ihn als Einlage in kleine Stücke. Aus Butter und Mehl stellt man eine Schwitze her und löscht sie mit 1 l Brühe und der Milch ab. Man läßt sie kurz aufkochen und würzt mit Suppenwürze, Zitronensaft und mit den frischen Kräutern.
Abänderung: Man serviert die Suppe auch als klare Brühe oder mit einer gekochten, zerdrückten Kartoffel (siehe Rindfleischsuppe Seite 10).

SUPPENEINTÖPFE

Stielmussuppe

1 kg Stielmus (Mairüben), 500 g Rindfleisch zum Kochen, 500 g Kartoffeln, 2 l Wasser, 1 Zwiebel, Salz, Pfeffer

Von den zarten Mairübchen streift man die Blätter ab und verwertet nur die Stiele. Diese hackt man in 2 - 3 cm lange Stücke. Das Rindfleisch (es können auch Schwänzchen, Öhrchen und Pfötchen vom Schwein sein) wird mit dem Wasser, dem Salz und der Zwiebel aufgesetzt und 1 Stunde lang vorgekocht. Danach gibt man die Rübstiele und die rohen, geschälten und in Würfel geschnittenen Kartoffeln hinein, kocht die Suppe noch etwa 15 - 20 Minuten lang und schmeckt sie herzhaft mit Pfeffer und Suppenwürze ab. Man kann diese Suppe auch mit einer Mehlschwitze etwas andicken und mit Essig leicht säuern.

Dat mag Opa so gerne!

Fitzebohnensuppe

500 g Rindfleisch, 500 g grüne Bohnen (Stangenbohnen), 500 g Kartoffeln, Salz, Pfeffer, Bouillonwürfel, 2 l Wasser

Das Rindfleisch mit warmem Salzwasser ansetzen und 1 Stunde lang vorkochen. Dann die geschnibbelten Bohnen und die gewürfelten Kartoffeln zugeben und wiederum 20 Minuten lang kochen. Das Fleisch herausnehmen und in Stückchen schneiden. Die Bohnen und Kartoffeln leicht stampfen, damit die Suppe sämig wird. Das kleingeschnittene Fleisch wieder hinzugeben. Mit Salz, Pfeffer und Bouillonwürfeln abschmecken. Diese Suppe kann man auch mit Salzschneidebohnen (Faßbohnen) herstellen. Die Salzmenge wird dann allerdings reduziert.

Kartoffelsuppe mit Sauerkraut

1 kg Eisbein oder Pfoten vom Schwein, Ohren und Schwänzchen, 750 g Kartoffeln, 2 Stangen Porrée, 40 g Mehl, 40 g Fett, 2 l Wasser

Das Fleisch kocht man 1 ½ Stunden lang in Salzwasser. Dann gibt man die gewürfelten Kartoffeln, viel Porrée und Sellerie hinzu und läßt alles nochmals 30 Minuten lang kochen. Aus 40 g Fett und 40 g Mehl eine Einbrenne herstellen, die mit etwas Kartoffelbrühe abgelöscht und in die Suppe gegeben wird. Diese Einbrenne kann auch aus Speckwürfeln hergestellt werden. Dazu ißt man in Schmalz geschmortes Sauerkraut von einem anderen Teller.

Wer keine Einbrenne mag, kann die Kartoffeln zerstampfen und damit die Suppe etwas sämig machen.
Die Pommern brachten folgende Version der Kartoffelsuppe mit ins Ruhrgebiet:
Anstelle des Schweinefleisches nehmen sie Geflügelklein. Die Suppe wird dann ohne Sauerkraut gegessen (siehe auch Pommersche Geflügelsuppe, Seite 14).

Erbsensuppe

Wird in ganz Deutschland gekocht und ist ein bequemes Samstagessen, da der Topf wie von allein bei kleiner Flamme kocht. Im Münsterland z. B. ist sie ein traditionelles, mittägliches Kesselessen bei Fuchs- und Treibjagden.
Im Ruhrgebiet trifft man sie häufig bei den Sommerfesten der Schrebergärtner an, wo sie mit Heißhunger vertilgt wird.
Eine Variante, die wir noch nirgendwo sonst gefunden haben und die deshalb wahrscheinlich typisch für diese Gegend ist: In jeden Teller verteilt man 1 Eßlöffel rohes Sauerkraut. Darüber gießt man die heiße Suppe, rührt einmal um und ißt sie recht heiß. Und jetzt das Rezept für

Zum Gartenfest
hoffentlich regnet's
nicht!

Erbsensuppe:

250 g grüne getrocknete Erbsen (1 Nacht lang eingeweicht), 1 Dickbein, 2 l Wasser, 1 Bund Suppengrün, 2 Stangen Porrée, 1 dicke Zwiebel, 500 g Kartoffeln, 100 g ausgelassener Speck, Salz, Pfeffer – 125 g rohes Sauerkraut

Die Erbsen werden mit dem Fleisch und dem Wasser 1 Stunde lang vorgekocht. Danach gibt man das geputzte und kleingeschnittene Suppengrün, den Porrée und die Zwiebel dazu. Die Kartoffeln werden geschält, gewürfelt und ebenfalls in die Suppe gegeben. Mit Salz und Pfeffer abgeschmeckt, kocht sie nochmals 1 Stunde lang, so daß die Kartoffeln zerkochen und die Suppe sämig machen. Speckwürfel werden in der Pfanne ausgebraten und über die Suppe verteilt. Das Fleisch wird vom Knochen gelöst und kleingeschnitten in die Suppe zurückgegeben.

Erbsensuppe mit Pökelfleisch

400 g Erbsen, 2 ½ - 3 l Wasser, 375 g gepökeltes Schweinefleisch (Ohr, Schnauze, Schwanz), Eisbein, 500 - 750 g Kartoffeln, Suppengrün, Salz, Majoran

Man setzt die über Nacht eingeweichten Erbsen mit dem Einweichwasser auf. Dazu das restliche Wasser und das gut gewaschene Pökelfleisch geben. Man läßt das Gericht langsam kochen. ¾ Stunde vor dem Anrichten nimmt man das Fleisch heraus und gibt die kleingeschnittenen Kartoffeln und das vorbereitete Suppengrün hinzu. Die Suppe wird mit Salz und Majoran abgeschmeckt. Man kann das Fleisch allein oder kleingeschnitten in der Suppe anrichten.

Grüne Erbsensuppe

1 Eßlöffel Fett, 500 g frische grüne Erbsen, (das bedeutet 1 ½ kg Erbsen in Schoten), 2 Eßlöffel Mehl, 1 ½ l Brühe, Zucker, Salz, gehackte Petersilie, 4 dicke Kartoffeln

Die Erbsen werden gedöppt, in 1 Eßlöffel Fett angedünstet und mit Brühe abgelöscht. Da hinein gibt man die geschälten und gewürfelten Kartoffeln und kocht sie mit den Erbsen gar. Das Mehl rührt man mit etwas Wasser glatt und bindet damit die Suppe. Abgeschmeckt wird sie mit Zucker, Salz und gehackter Petersilie. Statt der Kartoffeln oder auch zusätzlich zu den Kartoffeln reichert man die Suppe mit Grießklößchen an.

Rezept für Grießklößchen:

⅛ l Wasser, 40 g Butter, 2 - 3 Eßlöffel Grieß, 1 Ei, Salz, Muskat

Butter und Wasser aufkochen, den Grieß schnell einrühren und zum Kloß abkochen. Ei, Salz und Muskat unter die Masse heben. Klöße abstechen und 5 Minuten lang in der Suppe ziehen lassen.

Ein Königreich für einen

Linsentopf mit Pökelrippchen

800 g Pökelrippchen, 500 g Linsen, 500 g Kartoffeln, 150 g Sellerieknolle, 1 dicke Stange Porrée, 50 g Speck, Salz, Pfeffer, Petersilie, 1 Zwiebel

Zunächst die Pökelrippchen 1 Stunde lang wässern. Sellerie, Porrée und die Zwiebel in dem gewürfelten Speck anschwitzen und mit 2 ½ l Wasser aufgießen. Die Rippchen und die Linsen hinzugeben. Das Ganze langsam kochen lassen. Die Kartoffeln gesondert kochen, zerdrücken und dem Eintopf zufügen, wodurch er sämig wird. Mit Salz, Pfeffer und Petersilie abschmecken.

Abwandlung: In Dortmund kocht man eine Handvoll Backpflaumen mit. In Wattenscheid drückt man ½ Zehe Knoblauch hinein und säuert die Suppe leicht mit Essig an.

SÜSSE SUPPEN

So aß man im Jahre 1894 in Bochum **Rhabarbersuppe**

125 g Rhabarber, 3/4 l leichte Fleischbrühe, 1/2 l süße Sahne oder 2 Eigelb, 40 g Mehl, 1 Stück frische Butter, Zucker und Pfeffer nach Geschmack

Den Rhabarber in Stücke schneiden und mit der Fleischbrühe zu einer sämigen Suppe kochen. Sahne und Mehl werden verquirlt und in die Suppe geschlagen. Kurz vor dem Anrichten gibt man ein Stück Butter dazu und schmeckt mit Pfeffer und viel Zucker pikant ab.

Diese süße **Rhabarbersuppe** ißt man nicht nur in Gladbeck

750 g Rhabarber, 250 g Zucker, 1 Päckchen Vanille-Zucker, 1/2 l Wasser, 1 Tasse Sago

Rhabarber, Wasser und Zucker werden zusammen aufgesetzt und aufgekocht. In die kochende Suppe gibt man den Sago und läßt ihn ausquellen.
Man serviert die Suppe warm oder als Kaltschale. Sehr gut schmeckt zerbröckelter Zwieback darin.

Den Schlesiern in guter Erinnerung:

Kürbissuppe

500 g Kürbis, 1 1/4 l Wasser, 1/4 l Milch, 30 g Butter, 30 g Mehl, 2 Eßlöffel Zucker, 2 Nelken, Ingwer, Zitrone, Zimt

Den Kürbis schälen und nur das Fruchtfleisch verwenden. Dieses schneidet man in Würfel und setzt es mit einem Stück Ingwerwurzel, mit einigen Zitronenscheiben, den Nelken und dem Wasser zum Kochen auf. Wenn die Würfel weich sind, passiert man sie durch ein feines Haarsieb.

Aus Butter und Mehl bereitet man eine helle Einbrenne und füllt sie mit dem Kürbisbrei auf. Danach verfeinert man die kochende Suppe mit Milch. Man schmeckt sie mit Salz, Zucker und Zitrone ab und füllt sie heiß in die Teller. Über die Suppe stäubt man etwas Zimtpulver.
Im Sommer ist die Suppe – als Kaltschale gereicht – eine vollständige Mahlzeit. Darin ißt man dann Suppenmakrönchen oder Zwiebackbrocken.

Dortmunder Biersuppe

½ l Bier, ½ l Milch, 2 Päckchen Soßen-Pulver (Vanille-Geschmack), etwas Salz, 3 - 4 Eßlöffel Zucker, 1 Eigelb, 1 Eiweiß

Bier und Milch werden kalt aufgestellt und bis zum Kochen gerührt. Man fügt verquirltes Soßenpulver, Zucker und Salz hinzu und erhitzt die Suppe noch einmal. Danach zieht man sie mit Eigelb ab, schlägt das Eiweiß zu Schnee und setzt diesen als kleine Flocken auf die Suppe. Warmgestellt wird sie mit Zimt und Zucker serviert.
Tip: Anstelle der Eischneeflocken gibt man auch wohl Mehlklößchen in die Suppe. Das Rezept dazu finden Sie auf Seite 100 unter „Pflaumen und Klöße".

Milchsuppe mit Nudeln

In den meisten Familien gab es früher zum Abendbrot die Reste des Eintopfes vom Mittag, dazu den obligaten Pfannekuchen. Zur Abrundung der Mahlzeit kochte die Mutter Milchsuppen. Eine der verschiedenen Arten war die Milchsuppe mit Nudeln. Wenn nicht genügend Milch mehr da war, wurde sie häufig mit Wasser verlängert. Man nannte sie dann „Blaue Suppe".

2 l Milch, 250 g Bandnudeln, 1 Prise Salz, 2 Eßlöffel Zucker, ½ Teelöffel Zimt, 200 g getrocknete Pflaumen

Die Nudeln werden in die heiße Milch gegeben und mit den getrockneten Pflaumen etwa 15 Minuten lang gekocht. Danach schmeckt man die Suppe mit Salz, Zucker und Zimt ab.

SOPPEN

Gerichte, die den Namen „Soppen" tragen, sind nachweislich einige Jahrhunderte alt. Sie waren im Münsterland ebenso beliebt wie an der Ruhr und wurden als leichte Stärkung zum 1. Frühstück gegessen. Sie basieren auf Brot, das man durch Einweichen zu suppigen Breien macht. Während sie im Münsterland kaum noch zubereitet werden (eine Ausnahme sind die Knabbeln), trifft man sie im Ruhrgebiet auch heute noch an.

Fettsoppen

Weißbrot oder Knabbeln werden mit heißem Wasser übergossen und darin eingeweicht. Das restliche Wasser abgießen, so daß ein dicker Brei zurückbleibt. In einem Topf werden Butter und Schmalz erhitzt, der Brei kocht darin auf. Er wird gesalzen zu Tisch gebracht.

Schmeckt man Fettsoppen außerdem noch mit Essig und Sahne ab, so nennt man sie „Sauersoppen".

Specksoppen

Dieses Gericht mag nicht besonders delikat erscheinen, es ist aber ein altes Bauernrezept, das jahrhundertelang an der Ruhr als Sparessen aufgetischt wurde. Chroniken aus dem 17., 18. und 19. Jahrhundert geben dieses Gericht immer wieder als tägliche Mahlzeit an.

Alte Brötchen oder Weißbrotreste werden kleingeschnitten und mit wenig heißem Wasser oder heißer Brühe übergossen. Speck wird in einer Pfanne ausgelassen und heiß darübergegeben.

Panierte Semmelsoppen

4 alte Brötchen, 4 Eigelb, Fett zum Braten, 1 ½ l Fleischbrühe

Die Brötchen werden in 1 cm dicke Scheiben geschnitten und in dem verquirlten Eigelb gewendet. Fett wird in der Pfanne erhitzt, die Brötchen darin gebraten und diese dann in einer weiten Suppentasse geschichtet. Man tränkt die Schnitten mit heißer Fleischbrühe und füllt die Tasse damit bis zum Rand.

Knoblauchsoppen

Als „Muntermacher" gilt folgendes Rezept:

2 Knoblauchzehen, Salz, Muskat, Maggi, 1 Eßlöffel Schmalz, ½ l Wasser

Die Knoblauchzehen mit einer Gabel in Salz zerdrücken, in einen kleinen Kochtopf geben und Salz, Maggi, Muskat und einen Eßlöffel Schmalz hinzufügen. Diese Mischung wird mit kochendem Wasser übergossen. Da hinein wird Brot gebröckelt und sofort gegessen.

Mickensoppen

Eine Micke (s. Seite 106) wird in einer großen Tasse zerbröckelt, mit heißer oder kalter Milch begossen und durchfeuchtet. Mit Zimt und Zucker bestreut essen. Wenn keine Micken zu kaufen sind, kann man auch Brötchen oder Milchbrötchen dazu nehmen.

Moderne Abwandlung: Micken im Suppenteller zerbröckeln, gezuckerte Früchte (Erdbeeren, Himbeeren oder Johannisbeeren) zugeben und dann mit Milch oder Dickmilch auffüllen.
Mischobst aus der Dose schmeckt auch sehr gut dazu.

Notizen & weitere Rezepte:

fig. 2

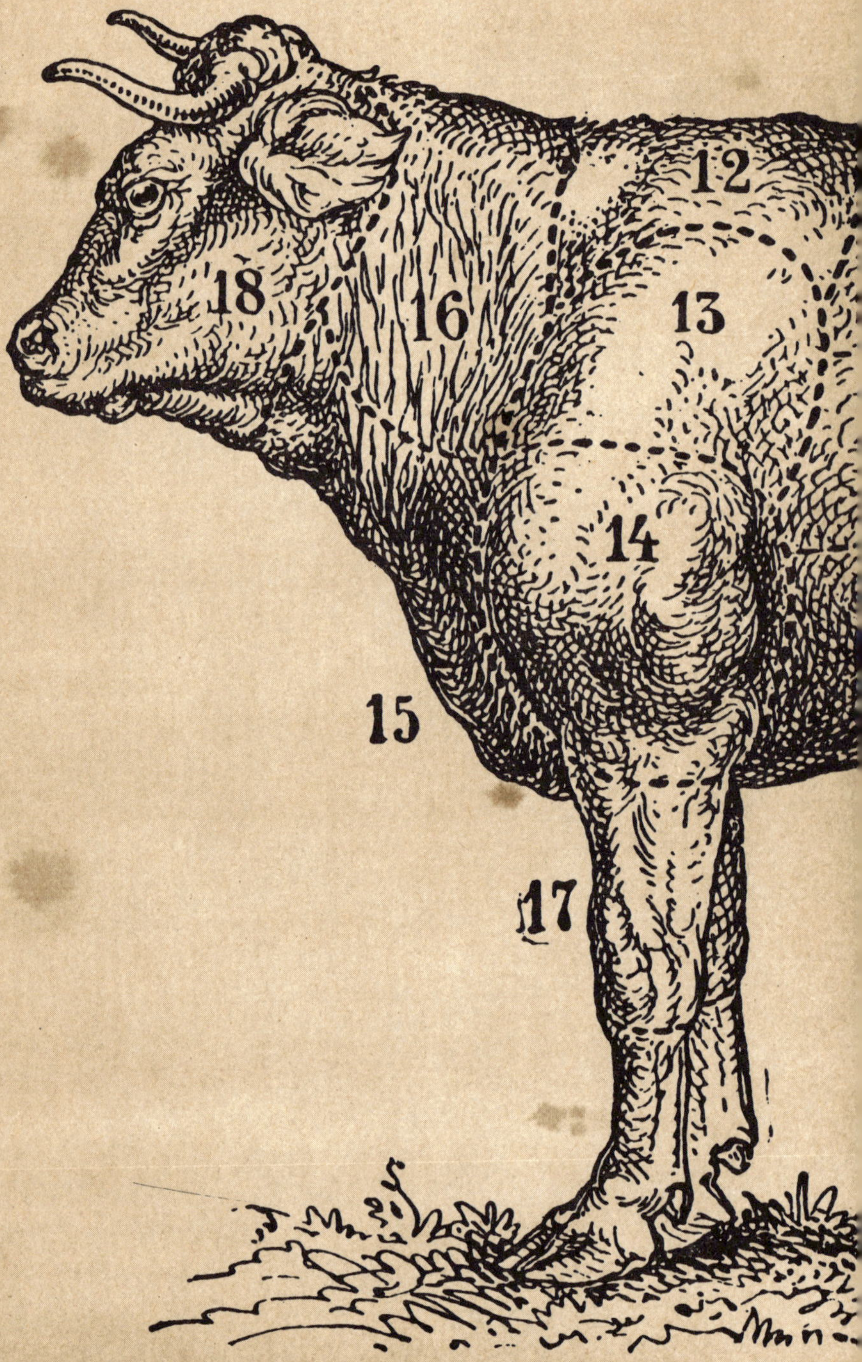

Fleischgerichte

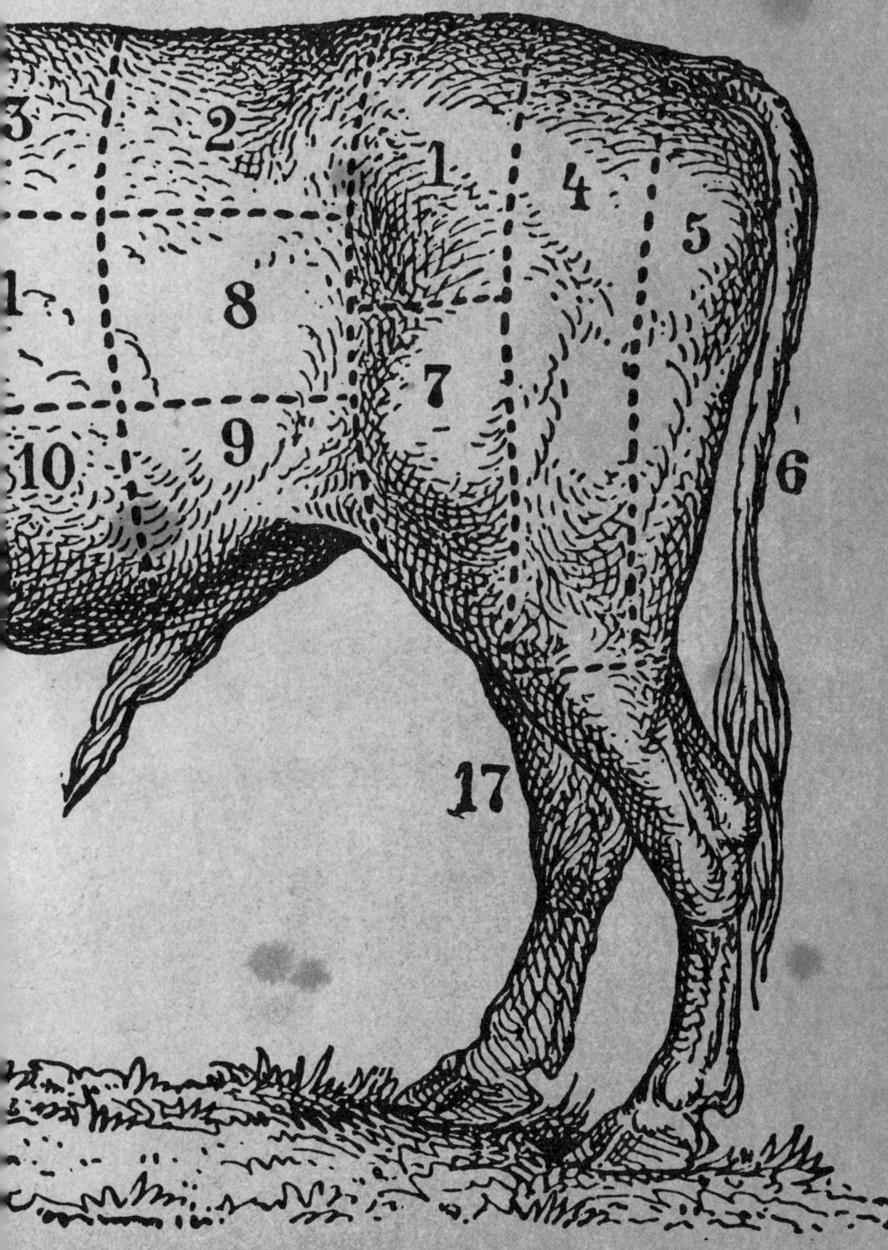

Pfefferpotthast aus Dortmund

Sein Name erklärt sich aus „Hast", das ist gesottenes Fleisch, also eine Art Ragout aus dem „Pott", sprich Topf, und mit „Pfeffer", der die scharfe Würze des Gerichts verheißt, gewürzt. Einem Bericht aus dem Jahre 1378 zufolge konnte man schon in jenen Jahren Pfefferpotthast täglich auf dem Markt kaufen. Es hat von seiner Beliebtheit nichts eingebüßt. Noch bis vor wenigen Jahren war der Pfefferpotthast Hauptbestandteil eines bürgerlichen Hochzeitsessens. Er wird heute noch zu offiziellen Einladungen der Stadt als typisches Dortmunder Gericht serviert.

1 kg Rinderkamm, 1 Teelöffel Salz, 500 g Zwiebeln in Scheiben geschnitten, 70 g Schmalz, 10 Pfefferkörner im Mörser zerstampft, 1 großes Lorbeerblatt, 2 Nelken, 1 Eßlöffel Kapern, 1 l Fleischbrühe, Saft und geriebene Schale einer Zitrone, Mehl zum Andicken der Soße

In vielen Haushaltungen variiert man mit dem Fleisch. Viele Hausfrauen nehmen Schweinerippchen, andere mischen Rindfleisch und Schweinefleisch im Verhältnis 1:1.

Das Fett wird in einer großen Kasserolle erhitzt. Das in grobe Würfel geschnittene Fleisch wird unter häufigem Wenden nur kurz angebraten. Man gibt die Zwiebeln zum Gelbrösten dazu, löscht mit Brühe ab und würzt den „Pott". Das Fleisch muß 1 ½ Stunden lang schmoren, bis es weich ist. Man bindet die Soße mit angerührtem Mehl und schmeckt mit Zitronensaft und Kapern würzig ab. Eine Prise Zucker macht den Potthast lieblich. Dazu ißt man Salzkartoffeln und Gewürzgürkchen, und man trinkt ein Bierchen dazu.

Das Originalrezept, den Potthast mit Semmelbröseln anstatt mit Mehl anzudicken, wird kaum noch angewandt.

Ziemlich mächtig!

Schlesisches Gulasch „Halb und Halb"

500 - 750 g Fleisch (halb Rind-, halb Schweinefleisch), 500 - 750 g Zwiebeln, 60 g Fett, 1 Teelöffel Paprika, Salz, 1 Knoblauchzehe, etwas Brühe, nach Belieben 1 Tomate

Das Fleisch in Würfel schneiden, in das erhitzte Fett geben und gut anbraten. Die kleingeschnittenen Zwiebeln dazugeben und goldgelb mitschmoren. Mit der Flüssigkeit ablöschen, salzen, die mit Salz zerdrückte Knoblauchzehe und die Tomate zugeben. 1 ½ Stunden lang schmoren lassen. Mit dem angerührten Mehl binden und mit Maggi abschmecken.

Soviel Fleisch - soviel Zwiebeln!

Duisburger Schweinepfeffer

750 g mageres Schweinefleisch, in große Würfel geschnitten, 5 Zwiebeln, 1 Tomate, Salz, Pfeffer, Schmalz zum Anbraten, 1 ½ Lorbeerblatt, je 1 Teelöffelspitze Majoran, Kümmel, Thymian, ½ l Wasser, 2 Eßlöffel Essig, 1 gehäufter Teelöffel Zucker.

Das Gulasch wird in heißem Fett angebraten, die Zwiebelringe rösten mit. Man würzt mit Salz und Pfeffer, schwenkt durch und löscht mit Wasser ab. In den Bratenfond gibt man die Gewürze, den Essig und den Zucker und läßt alles knapp 2 Stunden lang köcheln. Danach bindet man den Schweinepfeffer mit etwas Mehl ab und schmeckt ihn mit Salz, frisch gemahlenem Pfeffer und Essig säuerlich scharf ab. Mit Kartoffelbrei, Apfelmus und Preiselbeeren essen.
Tip: Ein paar Scheiben Schinken mitschmoren!

Gespickte Leberfilets

wurden in dem auf Seite 12 bereits erwähnten handgeschriebenen Bochumer Kochbuch von 1894 als „Wegweiser" bezeichnet. Sie lassen sich aus Kalbs- aber auch aus Rinderleber herstellen.

375 g Leber, 375 g gekochtes Rind- und Schweinefleisch, 2 Eier, 2 alte Brötchen, Salz, Pfeffer, Muskat, ½ Dutzend Sardellen, 1 Zwiebel, einige Speckscheiben, Fett zum Braten, etwas saure Sahne

Die Leber und das Fleisch werden durch einen Fleischwolf gedreht und mit den Eiern, den aufgeweichten Brötchen, mit Salz, Pfeffer und Muskat verknetet. Die Sardellen werden fein gehackt, und die Zwiebel wird gerieben. In Brotform rollen, mit Speckscheiben belegen (etwas eindrücken) und in reichlich Butter 20 Minuten lang braten. Statt mit Wasser mit saurer Sahne ablöschen. Kalte Reste geben aufgeschnitten einen herzhaften Brotbelag.
Tip: Kann man Gänseleber verwerten, wird das Gericht bedeutend feiner.

Schmeckt auch mit Brot.

Rouladen

Für eine Roulade braucht man je

1 Scheibe Rindfleisch, 1 große Scheibe Schinken oder fetten Speck, 1 große gehackte Zwiebel, 1 kleinen Teelöffel Senf, Salz, Pfeffer, zum Braten Fett, 1 Zwiebel, 1 Tomate, Mehl zum Andicken der Soße

Die Rouladenscheiben werden gesalzen, gepfeffert und mit Senf bestrichen. Dann belegt man sie mit Schinken oder Speckscheiben und Zwiebelwürfeln. Man rollt die Scheiben auf und hält sie mit Nähgarn, Rouladennadeln oder Klammern zusammen. Diese Rollen brät man in heißem Fett braun an, röstet noch eine Zwiebel, in Ringe geschnitten, mit und löscht mit Wasser ab. Eine Tomate mitschmoren lassen. Nach etwa 1 ½ Stunden sind die Rouladen weich. Aus dem Topf nehmen und die Nadeln oder Fäden ent-

fernen. Der Bratenfond wird gut durchgeschlagen und auf die gewünschte Flüssigkeitsmenge aufgefüllt (etwa 3/8 l). Mit Mehl binden und herzhaft mit Sahne und Maggi abschmecken.
Tip: Die fertig gerollten Rouladen eine Nacht vor dem Braten in Beize legen. (Beize: siehe Sauerbraten, Seite 29)
Vorschlag zum Sonntagsessen: Taubensuppe mit Klößchen (s. Seite 11), Rouladen mit Stampfkartoffeln und Rotkohl oder Salat, Schokoladenpudding (s. Seite 100)

Westfälischer Sauerbraten

1 kg Rindfleisch zum Braten,
Marinade: ½ l Wasser, ¼ l Weinessig, 1 Teelöffel Salz, 3 Zwiebeln, in Ringe geschnitten, 1 Möhre, gewürfelt, 10 Pfefferkörner, 3 Gewürznelken, 1 grosses Lorbeerblatt, 4 Wacholderbeeren, 1 Teelöffel Senfkörner; oder heute: 1 Tütchen Sauerbratengewürzmischung; zum Braten: Fett, 1 Tomate, 1 Zwiebel, Salz, Pfeffer, etwas Zucker, Mehl zum Andicken der Soße

Ist das "ein Es-sen" für 'n Beamten von "Moltke."

Die Marinade wird mit der Gewürzmischung, der Möhre und den Zwiebeln aufgekocht. Ist sie erkaltet, so wird sie über das Bratenfleisch gegossen. 3 - 4 Tage lang ziehen lassen, und das Fleisch häufig wenden.
Vor dem Braten abtrocknen, salzen und pfeffern. Dann in heißem Fett schnell anbraten. Kurz vor dem Ablöschen mit Wasser brät man die in Stücke geschnittene Zwiebel mit. Nach dem Ablöschen schmort man ebenfalls die Tomate und einen Teil der Gewürze aus der Marinade mit, man fügt aber keine Marinade zu. Eine Prise Zucker erhöht das pikante Aroma. Bratzeit: 1 ½ - 2 Stunden. Den Bratenfond mit soviel Wasser auffüllen, wie man Soße braucht. Die Soße ist so herzhaft, daß man sich auf ein größeres Quantum einrichten sollte. Man bindet den Bratenfond mit Mehl und schmeckt mit Maggi ab. Das Fleisch wird in Scheiben geschnitten und in der Soße warm gehalten.
Tip: Wenn Sie die Gewürze nicht in der Soße lassen wollen, dann gießen Sie den Bratenfond vor dem Andicken durch ein Sieb.

Kocht Tante Martha immer zu Weihnachten!

Nackenbraten mit Mischobst

1 kg Nackenbraten vom Schwein, Salz, Pfeffer, 1 Zwiebel, 1 Lorbeerblatt, ½ l Brühe, 30 g Mehl, 250 g Mischobst (Pflaumen, Äpfel, Aprikosen, Birnen), Speisestärke, Zucker

Der Schweinenacken wird mit Salz und Pfeffer eingerieben. In heißem Fett von allen Seiten gut anbraten. Dabei schmort man die Zwiebel kurz mit und gibt das Lorbeerblatt dazu.
Man löscht mit etwas Brühe ab und läßt den Braten 1 - 1 ½ Stunden lang weichschmoren. Eingekochte Brühe wird ab und zu wieder aufgefüllt.
Die Soße mit Mehl binden und mit Salz und Maggi abschmecken.
Dazu ißt man Salzkartoffeln und
Mischobst: Man weicht das Mischobst 1 Nacht lang in Wasser ein, kocht es mit dem Einweichwasser weich und dickt es mit Speisestärke an. Falls nötig, süßt man mit etwas Zucker nach.

Hochzeitsschinken

Der gebratene Schinken bildete früher hierzulande mit Sauerkraut und weißen Bohnen (Rezept s. Seite 91) das Kernstück des Festmahls bei Hochzeiten. Während an den Werktagen sehr schlicht, oft sogar sparsam gegessen wurde, tafelte man gern bei Festen wie Hochzeiten, Taufen u. dgl. möglichst ausgiebig und gut. Da gab es – wenn man hatte – fette Brühen, Geflügel, Kalbsbraten, Gemüseplatten, Salate und wenigstens drei Puddings.
Hier das Rezept, den Schinken zu braten:

1 ganzer Schinken, gepökelt und gewässert, 2 ½ kg Zwiebeln, etwas Wasser, Pfeffer

Der Schinken wird im Ganzen im Backofen gebraten. Man löst die Schwarte ab, klappt sie hoch und belegt das Fleisch dick mit Zwiebelscheiben. Diese pfeffert man, und darüber deckt man wieder die Schwarte. Mit Wurstdörnern (früher) oder Rouladennadeln (heute) hält man Schwarte und Fleisch zusammen. In eine Fettpfanne gibt man etwas Wasser, legt den Schinken hinein

und brät ihn etwa 4 - 5 Stunden lang je nach Größe. Das Wasser muß einige Male nachgefüllt werden. Der Zwiebelsaft gibt dem Braten das richtige Aroma. Sollten nicht alle Zwiebeln auf den Schinken passen, dann legt man den Rest etwa eine halbe Stunde vor Beendigung der Bratzeit mit in die Pfanne.
Früher servierte man den Braten ohne Soße. Aber man kann zum Schluß das verkochte Wasser durch Sahne ersetzen und dadurch eine köstliche Soße bereiten.
Wer Sauerkraut mit weißen Bohnen dazu nicht mag, der kann den Braten auch mit verschiedenen Salaten oder Gemüseplatten servieren.

Eine andere Art von Hochzeitsbraten:

Schweinebraten mit Zimtkruste

Man legt einen mittelgroßen, leicht gepökelten Schinken in eine Pfanne, begießt ihn mit etwas Wasser und brät ihn im Backofen, bis er halb gar ist (2 Stunden). Dann schneidet man die Schwarte ab und läßt den Schinken wiederum eine Stunde lang garen.
Inzwischen schmilzt man Butter, verrührt 3 Teile geriebenes Schwarzbrot, 1 Teil Weißbrot, Zucker und Zimt damit, sowie einige Eier. Das Fett wird vom Schinken geschnitten und dieser mit der angerührten Masse 1 ½ cm dick bestrichen. Darüber streicht man Eigelb und brät den Schinken bei milder Hitze noch eine Stunde lang. Dazu reicht man Preiselbeerkompott, Apfelmus und Bratkartoffeln.

fig. 3

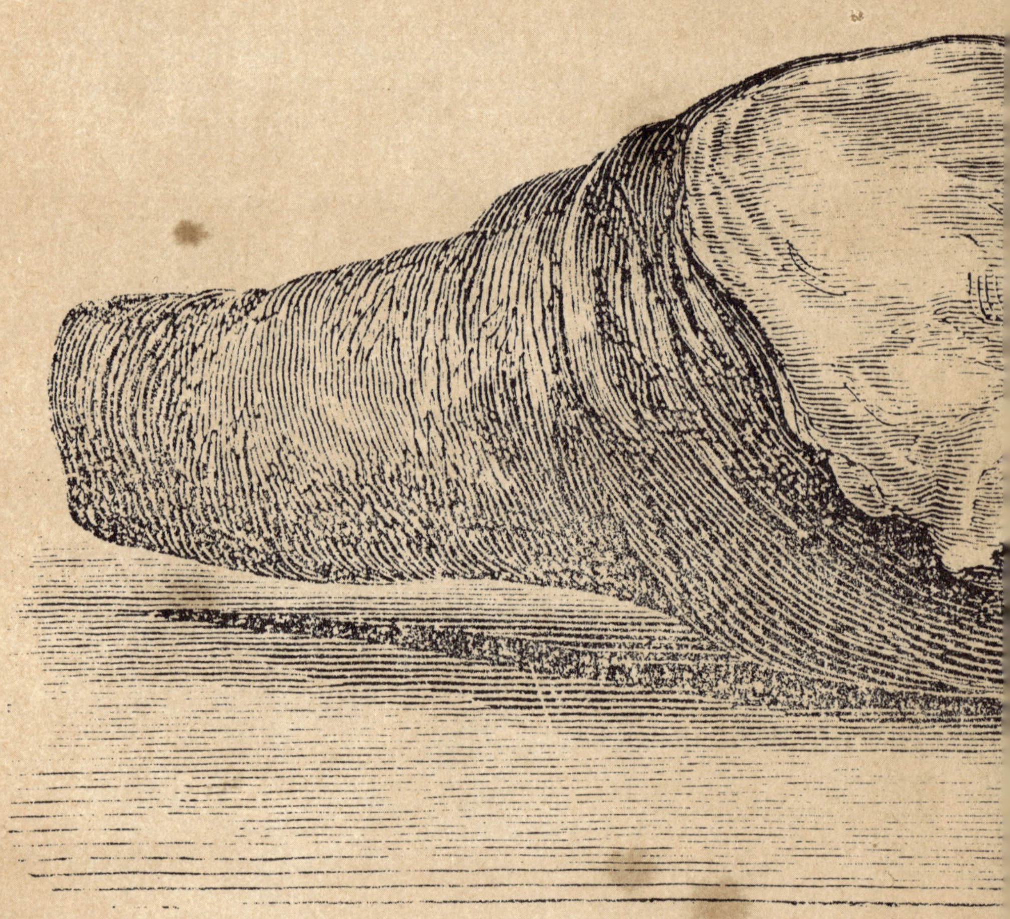

Hausschlachtung

Die Wurstbrühe, die beim Schlachten nach dem Kochen (und auch Zerkochen) der Würste zurückbleibt, wird bei den Westfalen im Ruhrgebiet zu Panhas weiterverarbeitet, bei den Schlesiern und Pommern aber zu Grütz-, Semmel- und Graupenwurst.
Ein eigentliches Schlachtfest gibt es hierzulande nicht. Man beschenkt die Nachbarn oder Verwandten, die das Schwein mitgefüttert haben oder die beim Schlachten helfen, mit einer Schüssel Panhas, auf der obenauf eine Mettwurst, eine Blutwurst oder eine Leberwurst liegen.

Original-Panhas

Beim Schlachten werden die Blut- und Leberwürste gekocht. Es passiert schon einmal, daß einige von ihnen aufplatzen und auskochen. Aus dieser Brühe wird dann der Panhas gekocht:
Zunächst kommen die Gewürze wie Zwiebeln, Pfeffer, Salz, Majoran oder Piment hinein. Dann wird Buchweizenmehl (500 g auf 1 l Brühe) in die kochende Brühe unter tüchtigem Umrühren hineingegeben, bis daß die Masse schwer breiig ist und sich vom Rand löst. Der Panhas wird dann in kalt ausgespülte Schüsseln gefüllt. Nach dem Erkalten stürzt man den Panhas auf einen Teller, schneidet ihn in 1 cm dicke Scheiben und brät ihn in Schmalz von beiden Seiten schön knusprig. Dazu schmecken Bratkartoffeln und Gewürzgurken. Auch auf eine Scheibe Brot gelegt, ist er sehr delikat.
Auch ohne zu schlachten, kann man selbst Panhas kochen, und zwar

1.

aus Fleisch sowie Kopf, Bauch, frischen Schwarten, 10 Gewürzkörnern, 3 Lorbeerblättern, einer dicken Zwiebel, Nelken, Pfeffer, Salz, Majoran oder Piment.
Alles zusammen garkochen, durchsieben, das Fleisch kleinschneiden, wieder in die Brühe geben und so zubereiten wie oben.

Opa Kanowski nennt das „Kattenpanhas", weil man vom Schlachten nichts merkt.

2.

500 g Leberwurst und 500 g Blutwurst werden aus der Pelle gedrückt und in 2 l Wasser gekocht. 500 g Reis oder Graupen werden in 2 l Wasser gesondert vorgekocht. Dieses wird in die kochende Wurstbrühe gegeben. Zum Schluß können auch Haferflocken hineingegeben werden, wenn dieser Panhas noch nicht dick genug sein sollte. Anschließend mit Salz und Pfeffer abschmecken. Braten wie oben.

Grützwurst

1 Schweinekopf, 1 kg kleine Gerstengrütze, 1 - 1 ½ l Blut, Nelkenpfeffer, Kardamom, Piment und Majoran, Pfeffer, Salz, 1 Stange Porrée, 10 Gewürzkörner, Zwiebeln

Den Kopf vom Schwein teilen, in Salzwasser mit Zwiebeln, Porrée und Gewürzkörnern garkochen. 1 kg Gerstengrütze in eine Schüssel geben und mit Brühe auffüllen. Immer mehr Brühe zugeben, bis daß die Grütze gut ausgequollen ist. Inzwischen das Fleisch absuchen, durch den Fleischwolf drehen und zu der Grütze geben. Frisches Blut und die Gewürze werden beigefügt und gut vermengt. Gut flüssig lassen, da das Blut beim Kochen dickt. In Gläser oder Därme füllen. Eine Stunde lang die Gläser langsam kochen lassen. Die Därme 1 Stunde lang ziehen lassen.
Die Grützwurst ißt man gebraten oder aufgewärmt zu Sauerkraut und Kartoffelbrei.
Das schmeckt!

Graupenwurst

1 kg Graupen, 1 - 1 ½ l frisches Blut, Piment und Majoran, 2 - 3 l Wurstbrühe, Grieben

Die Graupen mit der Wurstbrühe vorbrühen und 2 Stunden lang quellen lassen. Nun das frische Blut unterrühren. Mit den Gewürzen abschmecken. Wenn vom Schlachten noch Grieben vom Auslassen des Flomens übriggeblieben sind, diese untermengen. Die Masse nicht ganz fest in einen Darm füllen. Noch einmal kochen und heiß zu Sauerkraut oder kalt mit Brot essen. Graupenwurst kann 3 - 4 Tage lang im Kühlschrank aufbewahrt und gebraten verzehrt werden.

Semmelwurst
(schlesischen Ursprungs, aber fest eingebürgert)

Schweinekopffleisch und Schwänzchen, 1 große Zwiebel, 1 Stange Porrée, 10 Gewürzkörner, Pfeffer, Salz, 1 l Blut, 20 - 25 Brötchen, Majoran, Kardamom, gemahlene Nelken

Das Fleisch wird mit den Gewürzen und mit Wasser ungefähr 1 Stunde lang gekocht. Dann wird das Fleisch herausgenommen und die Brühe durchgesiebt. Mit dieser Brühe die Brötchen einweichen, aber nicht zu weich werden lassen. Durch den Wolf drehen. Das Fleisch von den Knochen ablösen und auch durch den Wolf drehen.
Fleisch und Brötchen mit 1 l Blut, Salz, Pfeffer, Kardamom, Majoran und gemahlenen Nelken vermengen und (halbvoll) in Einkochgläser oder Därme füllen. 1 ½ Stunden lang kochen. Die Semmelwurst kann frisch gebraten werden, oder man ißt sie sofort nach dem Kochen.

Leberwurst

Schweinefleisch (Kopf, Bauch), 1 Schweineleber, Salz, Pfeffer, Zwiebeln, Muskatblüte, Majoran (mit kochendem Wasser brühen und durch ein Sieb geben)

Das Schweinefleisch kochen und durch den Fleischwolf drehen. Die durchgedrehte Leber roh hinzugeben. Mit der Fleischbrühe vermengen und mit den Gewürzen abschmecken. Nach Wunsch etwas Mehl hinzufügen. Den Teig in Papier- oder Kunstdarm füllen und 1 ½ Stunden lang in leicht kochendem Wasser ziehen lassen.

Blutwurst

Schweinefleisch (Kopf, Bauch, Herz, Lunge, Schwartemagen), Schweineblut, fetter Speck, Salz Pfeffer, Zwiebeln, Piment, etwas Mehl

Das Schweinefleisch kochen und durchdrehen. Den fetten Speck in Würfel schneiden.
Das Fleisch mit der Brühe, dem Blut und den Speckwürfeln vermengen, und die Gewürze beimischen. Den Teig dann in Kunst- oder Papierdarm füllen. Nun in leicht kochendem Wasser 1 - 1 ½ Stunden lang ziehen lassen.

Sauerfleisch

1 kg Bauchfleisch oder dicke Rippe, 2 l Wasser, 3 Lorbeerblätter, 5 Gewürzkörner, 1 dicke Zwiebel, Pfeffer und Salz, gemahlene Gelatine, Essig, 1 Prise Zucker

Bauchfleisch in der Brühe mit allen Gewürzen nicht ganz gar kochen. Das Fleisch herausnehmen und die Brühe durchsieben. Das Fleisch in Portionen teilen, 1 Zwiebel ganz fein schneiden und diese darüber verteilen. Die Brühe mit 1 Prise Zucker und Essig abschmecken. Zum Schluß Gelatine einrühren, über das Fleisch gießen und erkalten lassen.
Sauerfleisch schmeckt gut zu Bratkartoffeln oder Brot.

Zwiebelfleisch

1 kg Bauchfleisch, 2 l Wasser, 1 große Zwiebel

Das Bauchfleisch in Salzwasser garkochen. Die Schwarte abschneiden, das Fleisch mit den Zwiebelringen belegen. Die Schwarte wieder auflegen und erkalten lassen.
Das Zwiebelfleisch wird zu Brot gegessen.

Schwarzsauer

Lunge, Herz und Nieren vom Schwein, 1 l Wasser, 1 Lorbeerblatt, 3 Nelken, Salz, 1 Zwiebel, 4 - 5 Gewürzkörner, 2 Stangen Porrée, 1 Eßlöffel gehackte Petersilie, 3/4 l frisches Schweineblut, etwas Essig und Zucker

Die Innereien mit den Gewürzen und dem Gemüse in Wasser garkochen und den Sud durchsieben. Das Fleisch in Würfel schneiden, in die Soße zurückgeben, mit Blut andicken, mit Essig und Zucker abschmecken und mit Petersilie bestreuen.

Man ißt dazu Stampfkartoffeln (s. Seite 70) oder Nudeln und Kompott aus getrockneten Pflaumen (Rezept dazu siehe unter „Mischobst" Seite 30)

Anmerkung: Wenn man kein Blut bekommt, bindet man die Soße mit Mehl ab.

Notizen & weitere Rezepte:

fig. 4

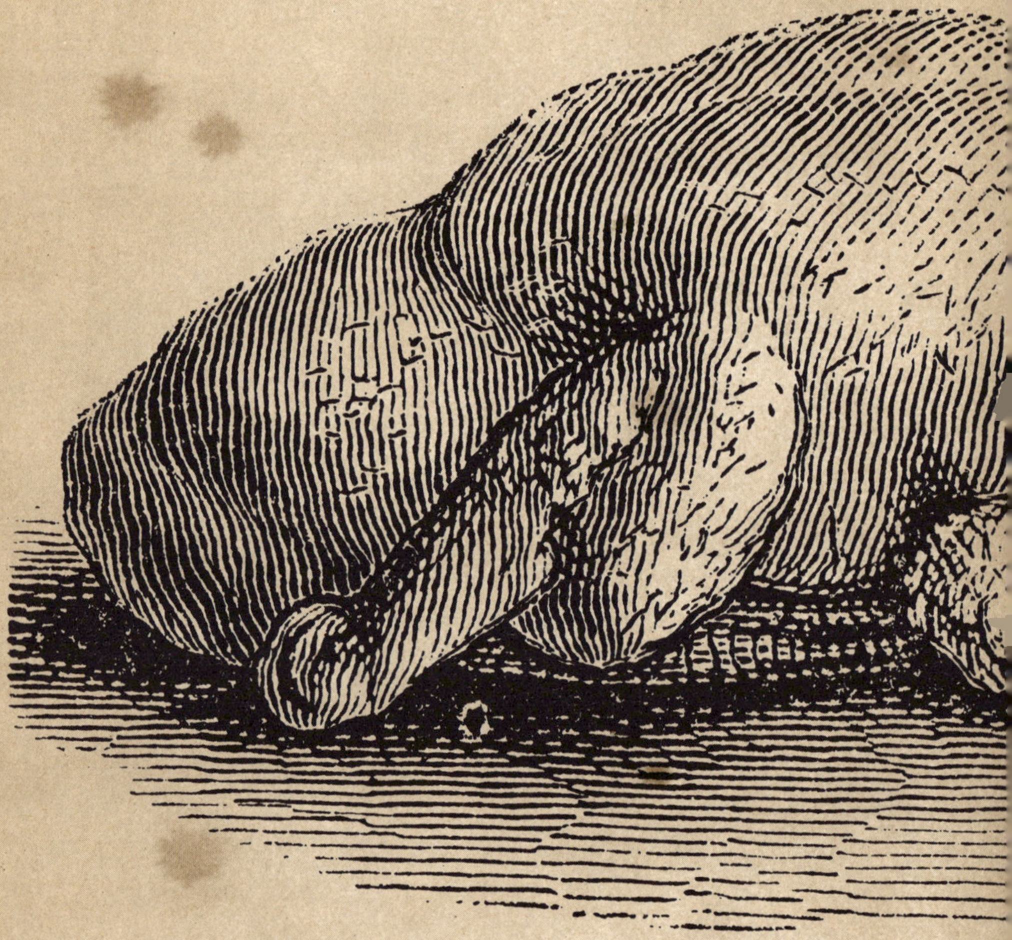

Geflügel- und Kaninchengerichte

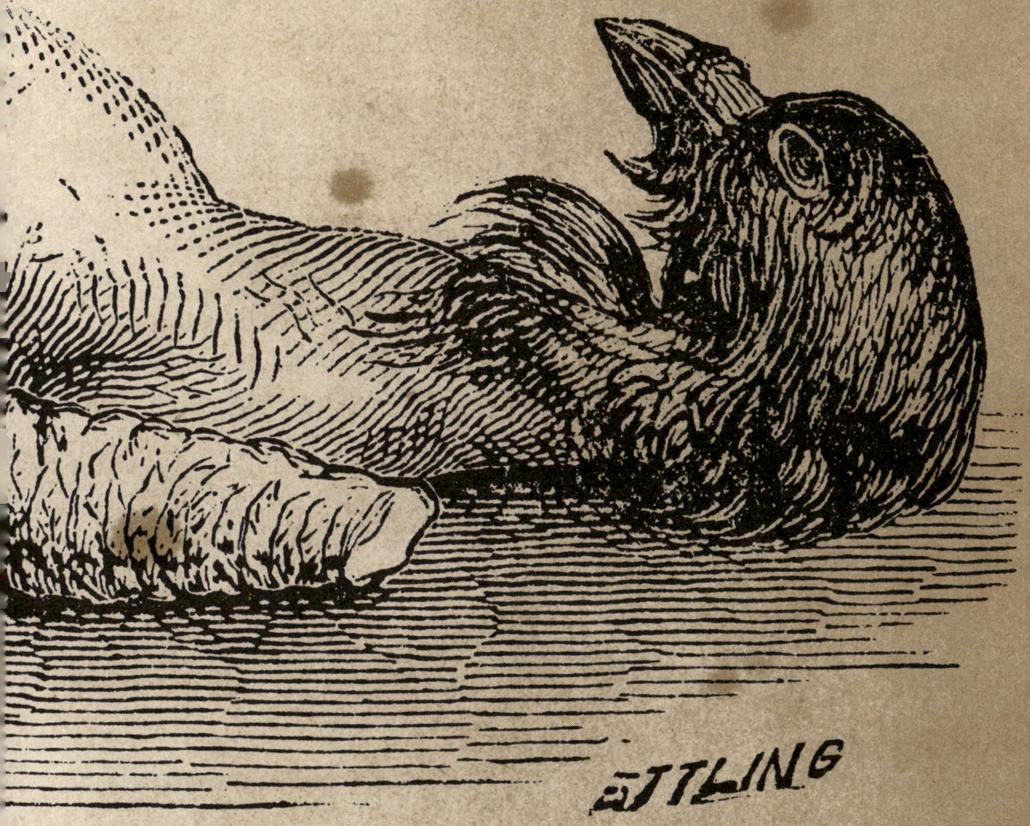

Wünsch ich mir zum Geburtstag

Pommersches Gänse - Weißsauer

1 Gänseklein, 40 g Gänseschmalz oder anderes Fett, 1 Zwiebel, 20 g Mehl, 2 Möhren, 1 Stück Sellerie, 2 Stangen Porrée, Pfeffer, Thymian, Zitronensaft, 1 Bund Suppengrün

Das Gänseklein mit Salzwasser bedeckt aufsetzen und halbgar kochen. Aus Fett, Zwiebel und Mehl eine Einbrenne herstellen, die mit der Brühe abgelöscht wird. Die Soße wird mit Salz, Pfeffer und Thymian abgeschmeckt. Nun zu dem Gänseklein geben. Das Gemüse und das Suppengrün waschen, in Stücke schneiden, hinzufügen und alles zusammen garkochen. Mit Salz, Pfeffer und Zitronensaft säuerlich abschmecken.

Taubengerichte

Alte Tauben, in einer Suppe gekocht, lassen sich vorzüglich weiterverarbeiten. (Rezept für Taubenklöße s. S. 11) Gekochte Tauben werden häufig auch angebraten und dann wie Geflügel auch als Ragout gegessen.

Tauben - Ragout

Das Fleisch wird kleingeschnitten und in einer Art holländischen Soße serviert.
Holländische Soße:

40 g Butter, 40 g Mehl, 1/4 l Taubenbrühe, 1/8 l Milch, Salz, Pfeffer, Suppenwürze

Die Butter wird im Topf zerlassen, das Mehl darin angeschwitzt und mit Brühe und Milch abgelöscht. Man kocht die Soße einmal auf und schmeckt sie pikant ab. Das Fleisch wieder in die Soße geben.
Dieses Ragout serviert man mit Brühreis. Es eignet sich gut als leichte Krankenkost.
Tip: Ragout in Blätterteigpasteten ist ein leckerer Imbiß für Gäste oder eine herzhafte Vorspeise zum Festessen.

Gebratene Täubchen

Junge Tiere werden nicht gekocht, sondern gebraten. Da sie wenig Fleisch hergeben, füllt man sie meistens mit einer Hackfleischmasse.

4 Tauben, 150 g Gehacktes, fertig zubereitet, je 4 Taubenlebern, -herzen, -mägen, einige Speckscheiben, 2 Zwiebeln, Salz, Muskat, Pfeffer, ¼ l Sahne, 20 g Speisestärke

Leber, Mägen, Herzen hacken und mit dem Hackfleisch kurz anbraten, Die Masse salzen, pfeffern und mit Muskat abschmecken. Damit werden die Täubchen gefüllt. Man näht sie zu und umwickelt sie mit Speckscheiben. Sie werden mit den Zwiebeln angebraten und nach dem Ablöschen gargeschmort. Kurz vor Ende der Bratzeit begießt man die Tauben mit Sahne und schmort weitere 5 - 10 Minuten lang durch. Danach kann man die Soße mit Speisestärke binden oder als französische Soße unangedickt belassen. Die Speckscheiben von den Tauben lösen, in der Soße mit den Taubenvierteln servieren. Die Hackfleischmasse reicht man auf einer gesonderten Platte. Dazu Stampfkartoffeln und Rotkohl.

Stallkaninchen

Früher hielt fast jeder Bergmann seine Ziege, „Bergmannskuh", und seine Kaninchen. Auch ein kleiner Garten oder die Taubenzucht sorgten für den nötigen Ausgleich an der frischen Luft und waren eine Bereicherung für Mutters Küche. Unten im Pütt tauschten die Kumpels beim „Dubbeln" auf der Gezähekiste so ihre Erfahrungen und Anregungen zu ihren häuslichen Arbeiten aus, die über sich hinaus in hohem Maße zum Zusammenhalt der Familien, zu freundschaftlicher Kameradschaft und zu gutnachbarlichen Beziehungen beitrugen.
Während man Ziegen heute kaum noch vorfindet, werden Kaninchen aber immer noch gehalten. Diese kocht man nicht, sondern man brät sie und ißt sie mittags warm oder abends kalt.
Hier einige Rezepte, nach denen Bergmannsfrauen ihre Kaninchenbraten zubereiten:

Kaninchen mit Speck und Knoblauch

100 g Speck in Streifen geschnitten, 2 Knoblauchzehen, 1 küchenfertiges Kaninchen, Salz, Pfeffer, 2 Zwiebeln, ½ l Brühe, 1 Möhre, 1 Stück Sellerie, Mehl zum Andicken der Soße

Zuvor: Kaninchen, die mit Petersilie und Suppengrün gefüttert werden, schmecken besonders gut.
Das Kaninchen wird mit Speckstreifen und Knoblauchstiften gespickt, gesalzen und gepfeffert und in heißem Fett rundum angebraten. Kurz 1 Zwiebel mitschmoren, mit Brühe ablöschen, und das Fleisch mit einer geputzten, gewürfelten Möhre und einem Stück Sellerie schmoren.
Nach Beendigung der Bratzeit die Soße mit Mehl andicken und noch einmal mit Salz und Pfeffer abschmecken.

Gefülltes Kaninchen

1 Kaninchen, 1 l Buttermilch, 250 g Gehacktes, fertig gewürzt, Salz, Pfeffer, Majoran, Thymian, 1 Zwiebel, Fett zum Anbraten, ½ l Brühe, Mehl zum Andicken

Dat is 'n Essen wie beim Betriebs-„führer“.

Das Kaninchen wird eine Nacht lang in Buttermilch gelegt, damit es zarter und aromatischer schmeckt. Am nächsten Morgen füllt man es mit gewürztem Hackfleisch und salzt und pfeffert es von außen. Rundum schön braun anbraten, 1 Zwiebel kurz mitschmoren und mit Brühe ablöschen.
Den Bratenfond mit Thymian und Majoran würzen. Das Fleisch etwa 1 ½ Stunde lang schmoren. Danach zerteilt man das Kaninchen, schneidet die Fülle in Scheiben und stellt beides auf einer Platte warm. Die Soße bindet man mit etwas angerührtem Mehl und schmeckt sie pikant ab. Dazu passen gut Kartoffelklöße „halb und halb" und Sauerkraut oder Sauerkrautsalat – Rezepte s. Seite 71 und Seite 93

Probieren Sie doch einmal diesen Kaninchen-Topf

50 g Schmalz, 1 Weißkohl, 1/8 l Fleischbrühe, Salz, Pfeffer
1 Stallkaninchen, 150 g durchwachsener Speck, etwas Fett zum Braten, 4 Zwiebeln, Salz, Pfeffer
Butter zum Einfetten der Form, 200 g Schinkenwürfel, 4 Mettendchen (geräuchert), Knoblauchpulver, Majoran, je 1 Bund Petersilie und Schnittlauch.

Dieser „Topf" wird in 3 Arbeitsgängen zubereitet.
1. Der Weißkohl wird in feine Streifen geschnitten und in Schmalz angebraten. Man löscht mit Brühe ab und kocht das Gemüse etwa 20 Minuten lang.
2. Das Kaninchen wird in nicht zu große Stücke zerteilt, gewürzt und in Fett und Speck angebraten. Die „Schriewen" werden herausgenommen, wenn sie schön kroß sind. Ist das Fleisch braun angebraten, nimmt man es heraus und brät in dem Fett dann die Zwiebelwürfel glasig.
3. Eine feuerfeste Form oder Kasserolle wird gefettet. Man schichtet die Hälfte des geschmorten Weißkohls hinein und legt die Fleischteile darauf. Das Kaninchen wird mit den Speckschriewen, den Zwiebelwürfeln und dem Schinken bedeckt. Man streut Majoran und Knoblauch darüber. Rundum und obenauf verteilt man die Mettwurstscheiben und deckt diese wiederum mit dem Rest Weißkohl ab. Man hackt Petersilie und Schnittlauch fein und verteilt die Hälfte der Kräuter auf dem Kohl. Die Form wird geschlossen und in den vorgeheizten Backofen geschoben. Die Garzeit beträgt 75 Min. Danach öffnet man den Topf, streut den Rest der frischen Kräuter darüber und serviert das Gericht in der Form. Man reicht dazu ein gebuttertes Brot und ein gut gekühltes Bier.
1. Tip: Im Römertopf schmoren!
2. Tip: Nehmen Sie statt Kaninchen einmal Fasan, jedoch darf er nicht mit Knoblauch gewürzt werden.

Für Heini zum Geburtstag.

In Wanne liebt man: Kaninchenpfeffer!

1 Stallkaninchen, 40 g Fett, etwas Mehl, Salz, Pfeffer, 1 Zwiebel.
Marinade wie Sauerbraten (s. Seite 29)

Das Stallkaninchen in portionsgroße Stücke teilen und etwa 24 Stunden in Marinade legen. Das Fett in der Kasserolle erhitzen, die Kaninchenteile gut abtrocknen, mit Salz und Pfeffer einreiben und schön knusprig anbraten. Mit der durchgesiebten Marinade ablöschen und etwa 1 Stunde schmoren lassen. Die Kaninchenteile herausnehmen und auf einer Platte warm stellen.
Den Bratenfond mit Wasser ablöschen und mit etwas Mehl andicken. Abschmecken mit Salz und Pfeffer.
Dazu ißt man Salzkartoffeln oder Kartoffelklöße „halb und halb" und zarte Butterböhnchen.

Kaninchen - Leberwurst

1 kg Kaninchen-Leber, 1 kg Schweinefleisch (gekocht), 1 kg Schweinefett (gek. Bauch), etwas Muskat, 100 g Salz, 8 g Pfeffer, 4 g Piment, 4 g Majoran.

Die Leber legt man kurze Zeit in heiße Brühe, hackt sie sehr fein oder dreht sie durch den Fleischwolf. Das gekochte Fleisch und Fett dreht man 2 x durch den Wolf. Wer mag, kann auch noch fein gewürfelten Speck zu der Masse geben. Diese Leberwurstmasse wird mit Salz, Pfeffer, Muskat, Piment und Majoran pikant gewürzt und in Gläser gefüllt. Gut verschlossen läßt man sie 60 Min. bei 100° C im Wecktopf kochen. Wichtig ist, daß die Gläser nur ¾ gefüllt sein dürfen.

Notizen & weitere Rezepte:

„Ik will all mangs een
inschüdden",
sagte der Wirt,
als sich auf der Straße
jemand näherte.
„Nu mott ik'n sölwst
drinken!"
als der Mann vorbeiging.

fig. 5

Fisch

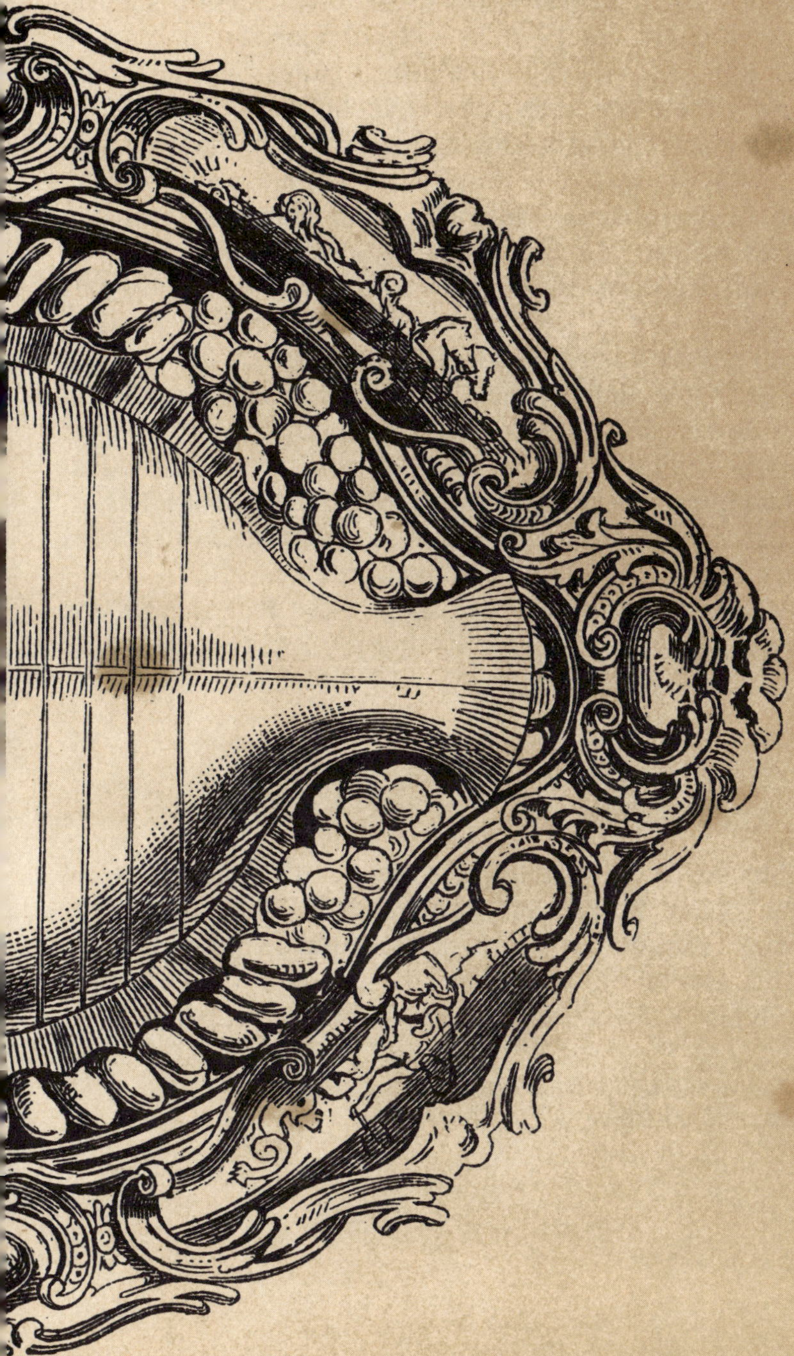

Großer Beliebtheit erfreut sich seit dem Mittelalter die Fischzucht. Bei den zahlreichen Festtagen, an denen jeder Fleischgenuß strengstens untersagt war, herrschte ein starker Fischbedarf, der durch Seefische, die in gesalzenem, geräuchertem oder getrocknetem Zustand in den Handel kamen, nur unzureichend gedeckt wurde. Da den Bauern der Fischfang in der Emscher und Lippe nicht gestattet war, legten sie vielfach bei ihren Höfen Fischteiche an. Selbstverständlich wurden auch Mühlenteiche und Schloßgräben der Fischzucht dienstbar gemacht, häufig aber war man auf den Export der Seefische aus den nordischen Ländern angewiesen. Kommt man heute in diese Länder, so sieht man noch vor den Häusern lange Reihen auf Stöcken aufgespießte Fische, die an der frischen Luft trocknen, um haltbar gemacht zu werden. Damals waren es Kabeljau und Schellfisch, die in getrocknetem Zustand als „Stockfisch" zu uns in den Handel kamen. Heute ist die Technik so weit fortgeschritten, daß wir diese Art von Konservierung kaum noch kennen, da die Länder den Fisch als Tiefkühlware exportieren. Früher jedoch beschränkte sich das Haltbarmachen auf 3 Methoden: Trocknen (Stockfisch), Räuchern oder Einsalzen in große Fässer. Die 4. Art, das Tiefgefrieren, ist erst in den letzten Jahrzehnten als Bereicherung der „Fischtafel" groß geworden.
Folgende Rezepte sind mit der Eß-Tradition des Ruhrgebiets eng verbunden:

Das übliche Karfreitagsessen war Stockfisch mit Zwiebeln

Bevor der Stockfisch verarbeitet werden konnte, mußte er 24 Stunden im Wasser liegen, um genügend Feuchtigkeit aufzunehmen. Heute kommt der Fisch noch selten in getrocknetem Zustand zu uns. Deshalb versuchen Sie, dieses Gericht mit frischem oder tiefgekühltem Kabeljau-oder Schellfischfilet zuzubereiten.

1 kg gewässerter Stockfisch, 1 l Salzwasser, ¼ l Milch, 5 Zwiebeln, 5 Eßl. Butter, Pfeffer

Der Fisch wird mit kaltem Wasser aufgesetzt und zum Kochen gebracht. Jetzt die Milch zugießen und den Fisch 20 Min. in diesem Sud ziehen lassen. Er darf nicht mehr kochen, da er sonst zerfällt. Während dieser Zeit schneiden Sie die Zwiebeln in halbgroße Würfel und schmoren sie in Butter bei kleiner Flamme gelb und weich. Wenn der Fisch gar ist, wird er mit einer Schaumkelle vorsichtig aus dem Topf genommen, entgrätet und auf eine heiße Platte gelegt. Man streut etwas schwarzen Pfeffer darüber und übergießt ihn mit den geschmorten Zwiebeln und der Butter. Dazu Stampfkartoffeln und grüner Salat.

Fischgulasch

1 kg gekochter Fisch (Fischsuppe s. Seite 14 *), ½ l Fischsud, 40 g Butter, 40 g Mehl, ⅛ l saure Sahne, 1 Eßlöffel frischer gehackter Dill, 1 Eßlöffel frische gehackte Petersilie, etwas Zucker, Pfeffer und Salz, 1 Eßlöffel Essig, 1 Eigelb.*

Butter und Mehl anschwitzen, mit Fischsud ablöschen und durchkochen. Sahne, Eigelb und Dill verrühren und hineingeben.
Mit Pfeffer, Salz, Essig und Zucker abschmecken.
Der Fisch wird in große Würfel zerpflückt, in die Soße gegeben und erhitzt, aber nicht mehr gekocht. Mit Petersilie bestreut zu Tisch bringen und mit Salzkartoffeln und Tomatensalat servieren.

Heringe

Ebenso beliebt wie Stockfisch und Fischgulasch waren die eingelegten und auch gerollten Heringe.
Bei den Bergleuten war es nach jeder Schicht üblich, an der nächsten Trinkhalle („Bude") einen Rollmops und eine Flasche Sprudel oder auch ein Glas Milch zu trinken, um den Kohlenstaub hinunterzuspülen. Die Wirte kannten den Spruch „1 Mops - 1 Wasser" genau und hielten eine entsprechende Menge „Möpse" und Knickerwasser bereit. Knickerwasser war Sprudel, der mit einem Knicker in der Flasche diese selbständig verschloß. „Möpse" legte „Mutter" nicht

selber ein, aber Salzheringe und grüne Heringe waren Lieblingsessen der Bergleute und immer im Hause vorrätig. Man legte sie nicht 5-Stück-weise, sondern 3-kg-weise ein.

Eingelegte Salzheringe

2 kg Salzheringe, 2 l Essig, 8 - 10 Lorbeerblätter,
4 - 5 große Zwiebeln, einige Gewürzkörner

Die Salzheringe werden gesäubert, abgewaschen und in eine große Schüssel gelegt. Sie sollen 24 Stunden wässern, wobei das Wasser häufig gewechselt werden muß. Danach werden sie ausgenommen und in die „Heringsschüssel" gepackt und zwar lagenweise Heringe, Zwiebelringe und Lorbeerblätter. Das Gericht wird mit verdünntem Essig (1/3 Wasser, 2/3 Essig) übergossen. Auch der Rogen und der Milchner werden mit eingelegt. Dazu ißt man Pellkartoffeln, Bratkartoffeln oder auch Brot.
Für viele Familien ist Erbsensuppe mit Hering eine Köstlichkeit.

Grüner Hering, gebraten

1 kg grüne Heringe, Essig oder Zitronensaft, 40 g
Butter, Salz, Mehl zum Wenden.

Grüne Heringe schuppen, ausnehmen, waschen und mit Zitronensaft beträufeln. 10 Minuten ziehen lassen. Danach werden die Heringe gesalzen, in Mehl gewendet und in heißem Fett auf beiden Seiten gebraten. Mit Zwiebelringen und Zitronenscheiben garniert, ißt man sie zu Kartoffelsalat.
Man kann die Heringe vor dem Braten auch in Paniermehl wenden.

Mag jeder

Ebenfalls viel zubereitet werden
Eingelegte Bratheringe

10 grüne Heringe, Salz, Zitronensaft, ¾ l Essig,
¼ l Wasser, Zucker nach Geschmack, 1 kg Zwiebeln,
2 Lorbeerblätter, 1 Tütchen Gewürzkörner

Die Heringe waschen, ausnehmen und innen mit Zitronensaft beträufeln. 10 Minuten stehen lassen. Die Heringe dann salzen und in Mehl wenden. Bratfett in der Pfanne erhitzen und die Heringe bei mittlerer Hitze und bei geschlossenem Deckel garen. Nach 5 Minuten vorsichtig wenden. Die Zwiebeln werden geschält und in Ringe geschnitten. Die fertig gebratenen Heringe legt man in eine breite flache Schüssel. In das noch heiße Bratfett gießt man die Essig-Wasser-Mischung, gibt die Zwiebeln dazu und kocht beides mit den Gewürzen gut auf. Die heiße Marinade wird über die Bratheringe gegossen. Nach 24 Stunden sind sie gut durchgezogen. Sie halten sich etwa 5 - 6 Tage im Kühlschrank.
Dazu ißt man Pellkartoffeln mit Butter oder Stampfkartoffeln (s. Seite 70), oder man legt sie auf gebuttertes Brot und reicht sie so als kleine Abendmahlzeit.

Muscheln

Wenn man „Muscheln" hört, denkt man an Meer und Flüsse und Fischerklima.
Tatsache ist aber, daß Muscheln fest zum Speiseplan vieler Gaststätten im Ruhrgebiet gehören. Sie wurden und werden vom Rhein her in das Gebiet geschickt. In den Monaten mit – r – hängen in vielen Speiselokalen Schilder „Heute frische Muscheln".

1 ½ kg Miesmuscheln, 2 Zwiebeln, 1 Stück Sellerie,
1 Lorbeerblatt, ½ l Wasser, 2 Stangen Porrée,
1 Möhre, Salz, Pfeffer, 2 Eßlöffel Butter

Die Muscheln werden einige Stunden in Wasser gelegt. Sollten sich dabei Schalen öffnen, so wirft man diese Muscheln unbedingt weg, weil sie giftig sind. Die anderen werden gebürstet, die Bartbüschel mit dem Messer abgezogen. Die Butter wird in einem Topf zerlassen, das geputzte und zerkleinerte Gemüse darin angeschmort, mit Wasser abgelöscht und gewürzt. In die kochende Suppe wirft man die Muscheln und läßt sie etwa 6 Minuten bei geschlossenem Topf köcheln. Dann wendet man sie, damit die oben liegenden nach unten kommen und läßt sie noch einmal 5 Minuten ziehen. Sie sind gar, wenn sich die Schalen geöffnet haben. Muscheln, die jetzt noch geschlossen sind, sollte man ebenfalls wegwerfen. Gegessen werden sie so: Man serviert sie in einem Suppenteller, der mit einem anderen abgedeckt ist. Dieser 2. Teller ist für die leeren Schalen gedacht. Man schlürft die Muscheln, indem man sie mit einer leeren Schale lockert und mit der Hand zum Mund führt. Zwischendurch löffelt man den Sud und ißt gebuttertes Schwarzbrot dazu. Ein kühles Bier sollte auch nicht fehlen.

Das schmeckt nach Ozean,
nach Meer!

Notizen & weitere Rezepte:

Lieber 'n dicken Bauch
vom Saufen, als 'n
krummen Puckel
vom Malochen.

fig. 6

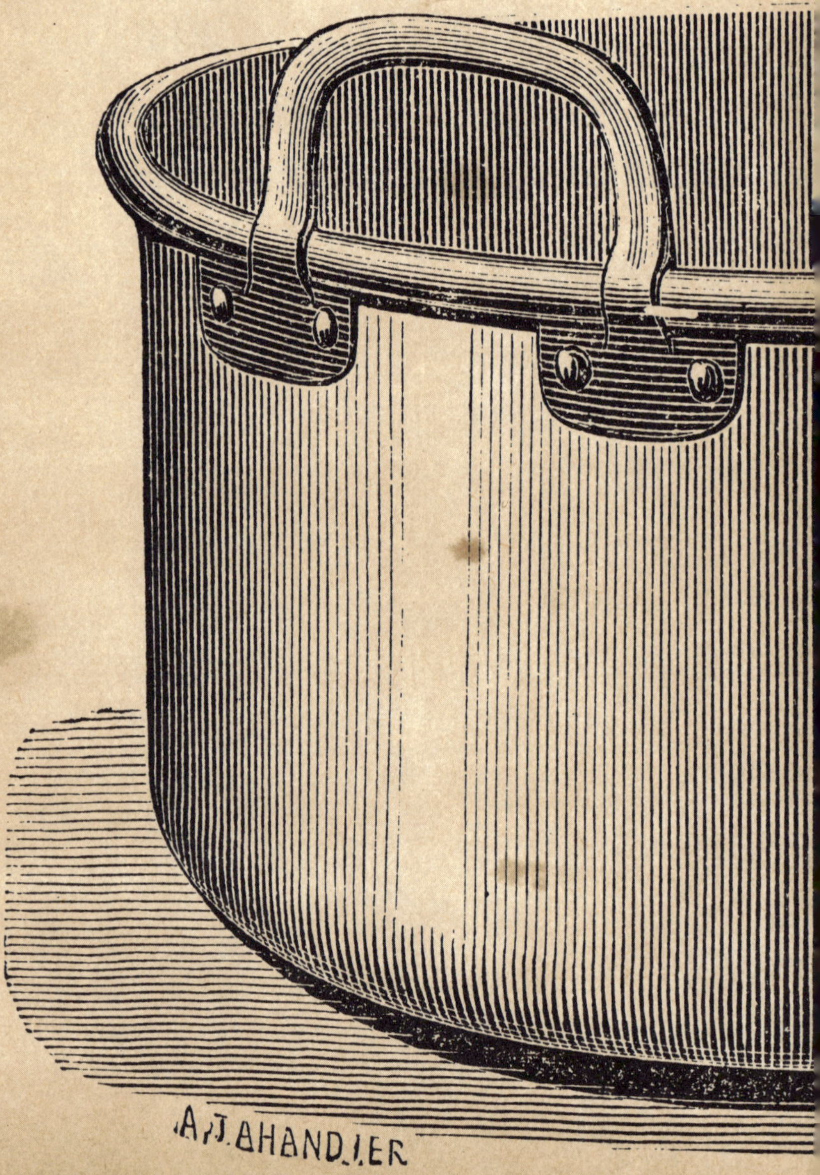

Eintöpfe

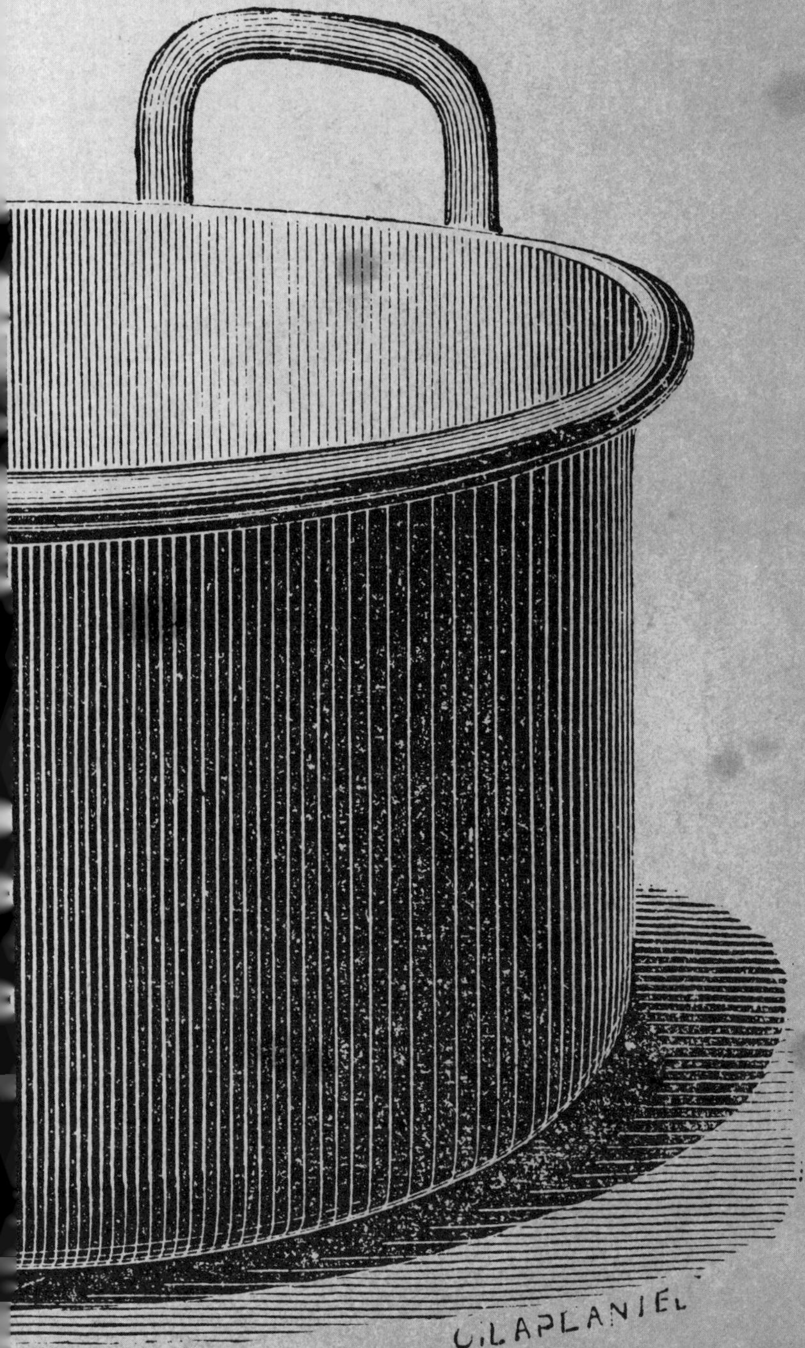

Eintopfgerichte, kurz „Döraingekoktet” genannt, nehmen im Ruhrgebiet einen ebenso breiten Rahmen wie im Münsterland ein. Sie ergeben sich aus der schlichten Lebensweise der Menschen und dem Arbeitsverhältnis der Männer.
Diejenigen, die unter Tage arbeiteten, nahmen zur Schicht ihre „Dubbels” mit, zu Hause bekamen sie frisch-gekochten oder auch aufgewärmten Eintopf. Jene aber, die „über Tage” in den Fabriken und Zechen beschäftigt waren, bekamen zur Mittagszeit von ihren Frauen den „Henkelmann” gebracht. Darin war ein kräftiges und sättigendes Eintopfgericht. Bauersfrauen, die auf dem Hof und dem Feld mitzuarbeiten hatten, stellten morgens früh ihren „Topf” hinten auf den Kohle-Herd, und der kochte bis mittags wie von selbst.
Der Eintopf, wie er im Ruhrgebiet gekocht wird, unterscheidet sich wesentlich durch 2 Dinge vom Münsterländischen: er ist anders zusammengestellt und wird anstelle mit Mehl gebunden so stark gestampft, daß ein Brei entsteht, in dem der Löffel stehen bleibt.

Das 1. Frühlingsgemüse ist Melde, auch „Mellmaus” genannt

1 ½ kg Melde, 750 g Kartoffeln, 500 g durchwachsener Speck, Pfeffer, Muskat, ½ l Wasser

Die Melde wird gesäubert, die Wurzeln und die bitteren Herzchen werden abgeschnitten. Man wäscht das Gemüse und kocht es in etwa 10 Minuten gar. Die geschälten Kartoffeln und der Speck werden zusammen aufgesetzt und gar gekocht.
Die abgekochte, ausgedrückte Melde wird kleingeschnitten und unter die gestampften Kartoffeln gemischt. Man schmeckt mit Muskat, Salz und Pfeffer ab.
In Hattingen kocht man „Melle” und Kartoffeln getrennt.
Beliebt ist auch, eine Handvoll weißer Bohnen im Durchgemüse mitzukochen.

Stielmus-Eintopf „Zündhütchen"

Im Gegensatz zum Münsterland, wo man Stielmus-Eintopf nur mit einer holländischen Soße angemacht kennt, kocht man ihn im Ruhrgebiet viel deftiger.

1 kg Stielmus (Mairüben), 500 g Rindfleisch zum Kochen oder eine runde Mettwurst, 750 g Kartoffeln, ½ l Wasser, Pfeffer, Salz

Das Rindfleisch wird in Salzwasser 1 ½ Stunden vorgekocht. Die Mairüben werden abgestreift und die Stiele in 2 cm lange Stücke geschnitten. Die ganz zarten Blätter werden auch mit verwertet. Sie werden kleingeschnitten. Kartoffeln werden geschält und würfelig geschnitten.
Stielmusstengel, -blätter und Kartoffeln werden in der Suppe gar gekocht. Danach schüttet man die überflüssige Brühe vom Gemüse ab (man trinkt sie als Vorsuppe) und nimmt das Fleisch heraus. Man stampft die Kartoffeln durch, damit das Gemüse sämig wird. Das Fleisch wird kleingeschnitten unter das Gemüse gemischt oder mit Senf extra gegessen.
In vielen Haushaltungen steht auch noch ein Kännchen mit Milch oder Sahne auf dem Tisch. Wer mag, kann sich den Eintopf damit verfeinern.
Beliebt ist auch, zum Schluß einen Stich Butter an das Gemüse zu geben.

Herbstgemüse: Stielmus-Rübchen

Stielmus-Eintopf ist nicht nur im Frühling beliebt, man ißt ihn auch nach der 2. Aussaat im Herbst oder in früheren Zeiten eingesalzen auch im Winter.
Die Blätter wurden abgestreift, die Stiele gehackt und abgekocht. Man ließ das Wasser ablaufen und das Gemüse erkalten. Dann stampfte man die Stiele mit Salz in große Fässer ein, bedeckte sie mit einem sauberen Tuch und einem Holzdeckel und beschwerte sie mit einem dicken Stein. Die abgestreiften Blätter aß man nicht, man warf sie weg. Diese Art des Einsalzens ist unmodern geworden.

Die Rübchen, die der Stielmus im Herbst ansetzt, sind aber heute noch Grundlage zu einem beliebten Gericht im Ruhrgebiet. Hier das Rezept:

1 kg Stielmus-Rübchen, 40 g Butter, 40 g Mehl,
1/8 l Kochwasser, 1/8 l Milch, etwas Muskat, Salz

Die Rübchen schälen, die Wurzeln abschneiden und eine Nacht in kaltem Wasser stehen lassen. Damit die Bitterstoffe herausgezogen werden, wechselt man zweimal das Wasser. Am folgenden Morgen werden die Rübchen im Salzwasser gar gekocht. Aus Butter und Mehl wird eine helle Schwitze bereitet und mit Gemüsewasser und Milch zu einer hellen Soße verarbeitet. Pikant abschmecken mit Salz und Muskat. Die abgetropften Rübchen in die Soße geben. Dazu reicht man Salzkartoffeln mit Frikadellen.

Bigos oder Bigosch

ist zweifellos von den Polen ins Ruhrgebiet gebracht worden, aber Varianten davon kennen auch die Schlesier, die Bigosch heute noch häufig kochen. Selbst die Westfalen im Ruhrgebiet haben den Eintopf lieben und schätzen gelernt, weil er so herzhaft schmeckt.

1. Polnischer Bigos

250 g mageres Schweinefleisch, 250 g durchwachsener Speck, 150 g Zwiebeln, 60 g Butter, 200 g Weißkohl, 200 g gewässertes Sauerkraut, 4 Räucherwürstchen, 1 Knoblauchzehe, Majoran, Kümmel, 1 Lorbeerblatt, Paprika, 1 Eßlöffel Tomatenmark, 1 kleine Dose Pfifferlinge (können auch fehlen)

Der Speck und auch das Schweinefleisch werden grob gewürfelt. Die Mettendchen werden in Scheiben geschnitten, die Zwiebeln fein gehackt. Der Weißkohl wird grob geschabt, das Sauerkraut soll ganz milde sein und muß unter Umständen noch gewässert werden. Speck, Fleisch und Zwiebeln werden in Butter angebraten und durchgeschmort. Man packt das Gemüse und die Pilze darauf, würzt mit in Salz zerdrücktem Knoblauch, mit Kümmel, Salz, Majoran, Lorbeer und Paprika. Man rührt auch das Tomatenmark darunter und füllt so viel Wasser auf, daß der Eintopf knapp bedeckt ist. Man schließt den Topf mit einem Deckel und gart etwa 90 Minuten bei 175°C im Backofen. Dazu: Salzkartoffeln oder Brot und ein gut gekühlter Schnaps.

2. Schlesischer Bigosch

500 g Schweinefleisch, 100 g durchwachsener Speck, 750 g Sauerkraut, 100 g Fleischwurst mit Knoblauch, 750 g Kartoffeln, 2 Äpfel, Salz, Pfeffer

Fleisch und Speck im Topf anbraten, ebenso die in Scheiben geschnittene Wurst und das Sauerkraut. Dazu gibt man die geschälten und in Scheiben geschnittenen Kartoffeln und Äpfel. Man gießt Wasser zu und schmort den „Topf" wie in Rezept 1. Zum Schluß mit Salz und Pfeffer abschmecken.

„Surmaus mit witte Baunen" ist Sauerkraut mit weißen Bohnen

Dieser Eintopf ist nachweislich bis ins 18. Jahrhundert als Leibgericht der Bevölkerung an der Ruhr zurückzuverfolgen. Selbst bei Hochzeitsessen durfte er als Ergänzung zum Schinkenbraten (s. Seite 30) nicht fehlen.

Ein alter Lobgesang huldigt ihm so:
O Sauerkraut, o Sauerkraut, Du herrliches Gemüse, Man ißt dich auch zur Sommerzeit, Doch mehr im Winter, wenn es schneit. O Sauerkraut, o Sauerkraut, Du herrliches Gemüse!

In Gladbeck hier im Münsterland, Da bist Du wie zu Hause; Ob Weihnacht, Pfingsten, ob Neujahr, Dein ǹ Duft verspürt man immerdar. O Sauerkraut, o Sauerkraut, Du herrliches Gemüse!

Ein jeder Mann, ob arm, ob reich, Will sich an Dich erquicken; Man schleppt Dich heim und macht Dich ein In Tonnen, Fässern, Kübelein. O Sauerkraut, o Sauerkraut, Du herrliches Gemüse!

750 g Dickbein oder Bauchfleisch, 750 g Sauerkraut, 750 g Kartoffeln, 250 g weiße Bohnen (ersatzweise 1 Dose) 125 g durchwachsener, geräucherter Speck, Salz, Pfeffer, ½ l Wasser.

Die Bohnen werden über Nacht eingeweicht und am anderen Morgen mit dem Einweichwasser und dem Dickbein 1 Stunde lang vorgekocht. Danach füllt man das Sauerkraut dazu, würzt mit Salz und Pfeffer und läßt den „Topf" noch einmal 1 Stunde lang köcheln. Die Kartoffeln kocht man extra, weil sie sonst glasig werden. Gargekocht werden sie zum Sauerkraut gegeben und mit dem Gemüse gestampft, damit der Eintopf schön sämig wird.
Ausgelassene Speckwürfel daruntergemischt vervollständigen den Geschmack. Das Dickbein reicht man gesondert mit Senf dazu oder schneidet es klein und mengt es unter den Eintopf.
Abwandlung: Wer weiße Bohnen aus der Dose bevorzugt, mischt sie erst zum Schluß mit unter, da sie ja vorgekocht sind.
Tip: Kochen Sie diesen Eintopf am Vortag und wärmen Sie ihn am nächsten Mittag nur auf. Dabei ist Vorsicht geboten, da das Gemüse leicht anbrennt.

„Schniederskurasche"
(Des Schneiders Courage)

250 g weiße Bohnen, 1 l Wasser, 500 g Möhren, 500 g Kartoffeln, 750 g Fleisch (Bauchfleisch oder Dickbein), 1 Stange Porrée, 1 Zwiebel, Salz, Pfeffer, Essig.

Die Bohnen werden über Nacht eingeweicht, dann mit dem Einweichwasser und dem Fleisch 1 ½ Stunde lang gekocht. Wenn jetzt noch zuviel Brühe vorhanden ist, gießt man soviel davon ab, daß das Gemüse nur noch knapp bedeckt ist. Die geputzten und kleingeschnittenen Möhren, Zwiebeln, Porrée und Kartoffeln werden zum Fleisch gegeben und eine halbe Stunde lang mitgekocht. Dann wird das Fleisch herausgenommen. Das Gemüse wird leicht durcheinandergerührt und mit Salz, Pfeffer und Essig abgeschmeckt. Das Fleisch wird kleingeschnitten hineingegeben oder in Scheiben geschnitten dazu gereicht.

Wirsingeintopf

1 kg Wirsing, 500 g Rindfleisch, 1 kg Kartoffeln, Salz, Muskat, Pfeffer

Das Rindfleisch mit 1 l Wasser 1 Stunde lang kochen. Dann den kleingeschnittenen gut gewaschenen Wirsing und die kleingewürfelten Kartoffeln dazugeben und nochmals 30 Minuten kochen lassen. Ist alles gar, wird das Fleisch herausgenommen. Das Gemüse und die Kartoffeln werden zerstampft und durcheinandergerührt. Dieser Eintopf wird mit Salz, Pfeffer und Muskat abgeschmeckt. Das Fleisch wird kleingeschnitten und dazu gereicht. Eine häufige Variante ist die, pro Person 1 Mettwürstchen mitzukochen und das Gemüse mit ausgelassenem Speck anzureichern.

Gut geeignet für den Henkel-mann!

Weißkohleintopf: Schlodder - Kappes

1 kg rohe Kartoffeln, 750 g Schweinefleisch, 1 kg Weißkohl, 1 Teelöffel Salz, 1/4 Teelöffel Pfeffer, 3/8 l Bouillon, 1 Teelöffel Kümmel, 2 Eßlöffel gehackte Sellerieblätter

Kartoffeln schälen und das Schweinefleisch würfeln. Den Kohl in Streifen schneiden, die dicken Rippen wegwerfen. Die Kohlstreifen wegen der Verträglichkeit einmal überbrühen. In einen weiten Kochtopf schichtet man Kartoffelscheiben, Kohl und Fleisch lagenweise. Jede Lage mit Salz und Pfeffer bestreuen. Mit Brühe aufgießen und 1 Stunde zugedeckt garen. Kurz vor Ende der Kochzeit Kümmel und gehackte Sellerieblätter darüberstreuen. Dazu schmeckt ein gut gekühlter Korn.

Tante Maria sagt dazu — „Fußlappen"

Schlabberkaps (Schlesisch)

Dieses Gericht hat seinen Namen zu Recht. Es wird so wenig angedickt und der Kaps so grob geschnitten, daß man beim Essen aufpassen muß, um nicht zu schlabbern.

1 kg Weißkohl, 750 g Kartoffeln, 1 große Zwiebel,
1 ½ l Brühe oder Wasser, 125 g Speck, Pfeffer,
Kümmel, Salz, etwas Mehl

Den Speck in Würfel schneiden und glasig braten. Die Zwiebel mit andünsten. Den sehr grob geschnittenen Weißkohl dazugeben und durchdünsten. Die Kartoffeln ins Gemüse packen, Brühe auffüllen, würzen und weichkochen. Mit etwas Mehl andicken und abschmecken. Eine gute Prise Kümmel dazu schmeckt nicht nur Schlesiern.
Tip: Man kann kleingeschnittene Brühwürstchen darin kochen.

Herr Winkelmann, ein ehemaliger Dortmunder, verriet uns sein Leibgericht:

Kaps ob de Schiewen
(Kohl auf Scheibenkartoffeln)

½ Weißkohl, 500 g Kartoffeln, 500 g Zwiebeln,
Salz, Pfeffer, Schmalz zum Braten, 1 Tasse Wasser

In einer hohen Kasserolle zerläßt man 1 Eßlöffel Schmalz und brät die geschälten und in Scheiben geschnittenen Kartoffeln kurz darin an. Auf die Kartoffeln schichtet man randvoll den ganz fein geschnittenen Weißkohl. Er wird gesalzen und gepfeffert und mit einer dicken Lage Zwiebelscheiben zugedeckt. Damit das Gericht schmoren kann, füllt man eine große Tasse Wasser zu und schließt die Pfanne mit einem Deckel. Ist das Wasser verkocht, dann haben die Kartoffeln unten eine schöne braune Kruste bekommen und sind gar. Man ißt das Gericht aus der Pfanne.

Schnibbelbohnengemüse

750 g Kartoffeln, 500 g grüne Bohnen, 500 g durchwachsener Speck, ½ l Wasser, Salz, Pfeffer

Den Speck 20 Minuten vorkochen. Die Kartoffeln und geschnibbelten Bohnen hineingeben und nochmals 25 Minuten kochen. Den Speck herausnehmen. Die Kartoffeln zerstampfen. Abschmecken mit Salz und Pfeffer und evtl. mit Bohnenkraut. Den Speck in Portionen teilen und dazu reichen. Gut schmeckt etwas Senf zum gekochten Speck.
Im Winter ißt man den Eintopf mit Gewürzgürkchen, im Sommer mit Gurkensalat, immer aber mit eingelegtem Hering (s. Seite 52)

Bohnengemüse mit Nacken

500 g grüne Bohnen, 500 g Nackenbraten, 500 g Kartoffeln, 50 g Fett, Salz, Pfeffer

Das Fleisch von beiden Seiten salzen, pfeffern, beidseitig gut anbraten und ½ Stunde lang vorschmoren. Die abgezogenen, gewaschenen Bohnen in Stücke schneiden und über das Fleisch geben. Die in Würfel geschnittenen Kartoffeln darübergeben, mit etwas Wasser auffüllen und etwa ½ Stunde schmoren lassen. Wenn das Fleisch gar ist, nimmt man es heraus. Das Gemüse durcheinanderrühren und mit Salz und Pfeffer abschmecken. Die Kartoffeln werden nicht zerstampft.

Tüchtig Pfeffer dran tun!

Hier ein interessanter Eintopf aus Gladbeck
Erbsengulasch

250 g Erbsen, 1½ l Wasser, 1 Stange Porrée, Salz, Pfeffer, 1 Zwiebel, 40 g Fett, 40 g Mehl, 500 g Gulasch, 500 g Kartoffeln

Erbsen über Nacht einweichen. Am anderen Morgen mit dem Einweichwasser zum Kochen aufsetzen und 1 Stunde lang vorkochen. Geschälte, kleingestiftelte Kartoffeln und Porrée zugeben und noch ½ Stunde kochen lassen.

Inzwischen das Gulasch in einer Kasserolle mit den Zwiebelringen anbraten, mit Salz und Pfeffer würzen, mit ¼ l Wasser ablöschen und 60 Minuten schmoren. Man dickt mit Mehl an und rührt dieses Gulasch in die Erbsensuppe.
Auch dieser Eintopf wird nicht sämig gestampft.

Himmel und Erde mit Blutwurst

1 kg Kartoffeln, 1 kg Äpfel (Boscop, Klaräpfel u.ä.)
100 g Speck, Salz, Zucker

Man schält die Kartoffeln und Äpfel und schneidet sie in große Würfel. In einen großen Topf legt man zuerst die Kartoffeln und schichtet die Äpfel darauf. Man kocht beides in wenig Salzwasser gar, stampft das Gemüse kurz durch, so daß es wohl sämig ist, aber nicht zu „Mus" zerfällt. Gewürfelter Speck wird ausgelassen und in den Eintopf gemengt. Er wird nochmal mit Salz und Pfeffer abgeschmeckt.
Dazu ißt man gebratene Blutwurst. Man schneidet einfache Blutwurst mit der Pelle in 1 ½ cm dicke Scheiben und brät sie von beiden Seiten.

gibts Sonntag, Äpfel kaufen!

Notizen & weitere Rezepte:

Sauerkraut und Rüben
Die haben mich
vertrieben,
hätt meine Mutter
Speck gehabt
so wär ich da geblieben

fig · 7

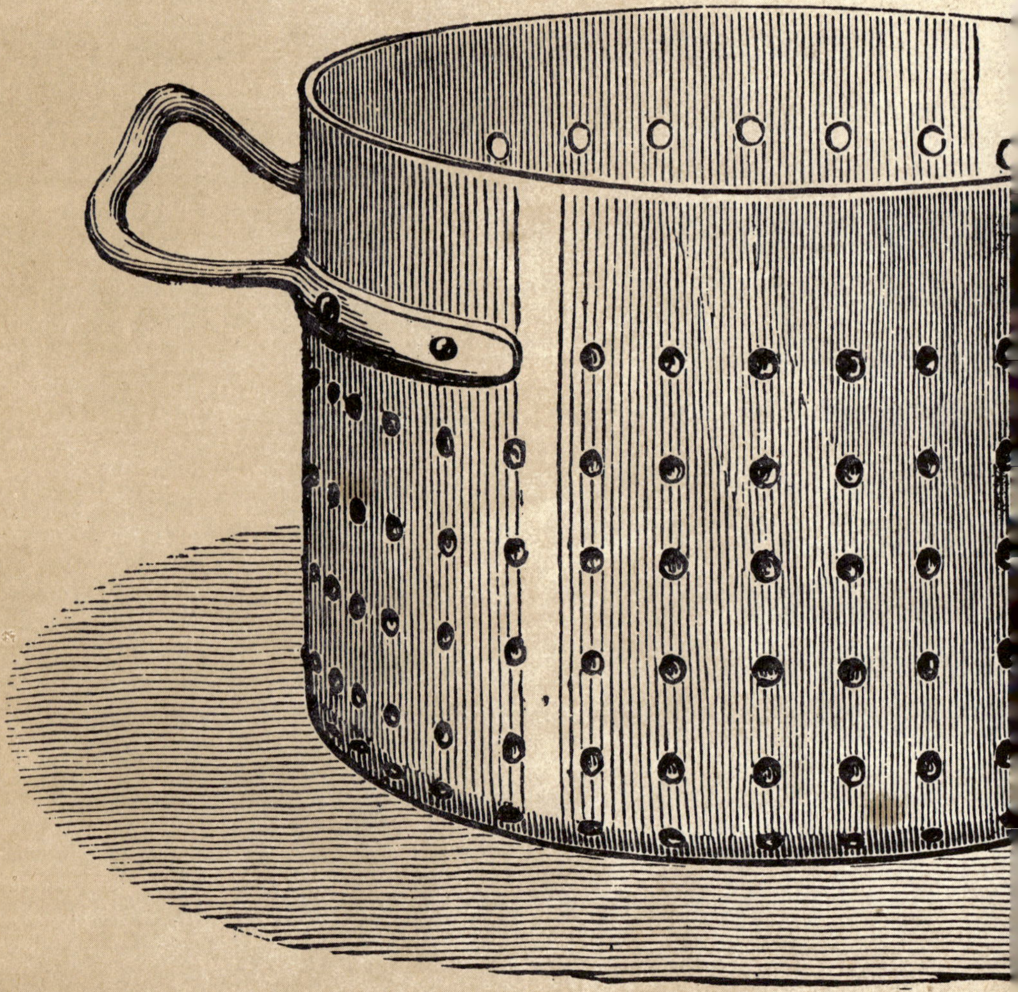

Kartoffelgerichte

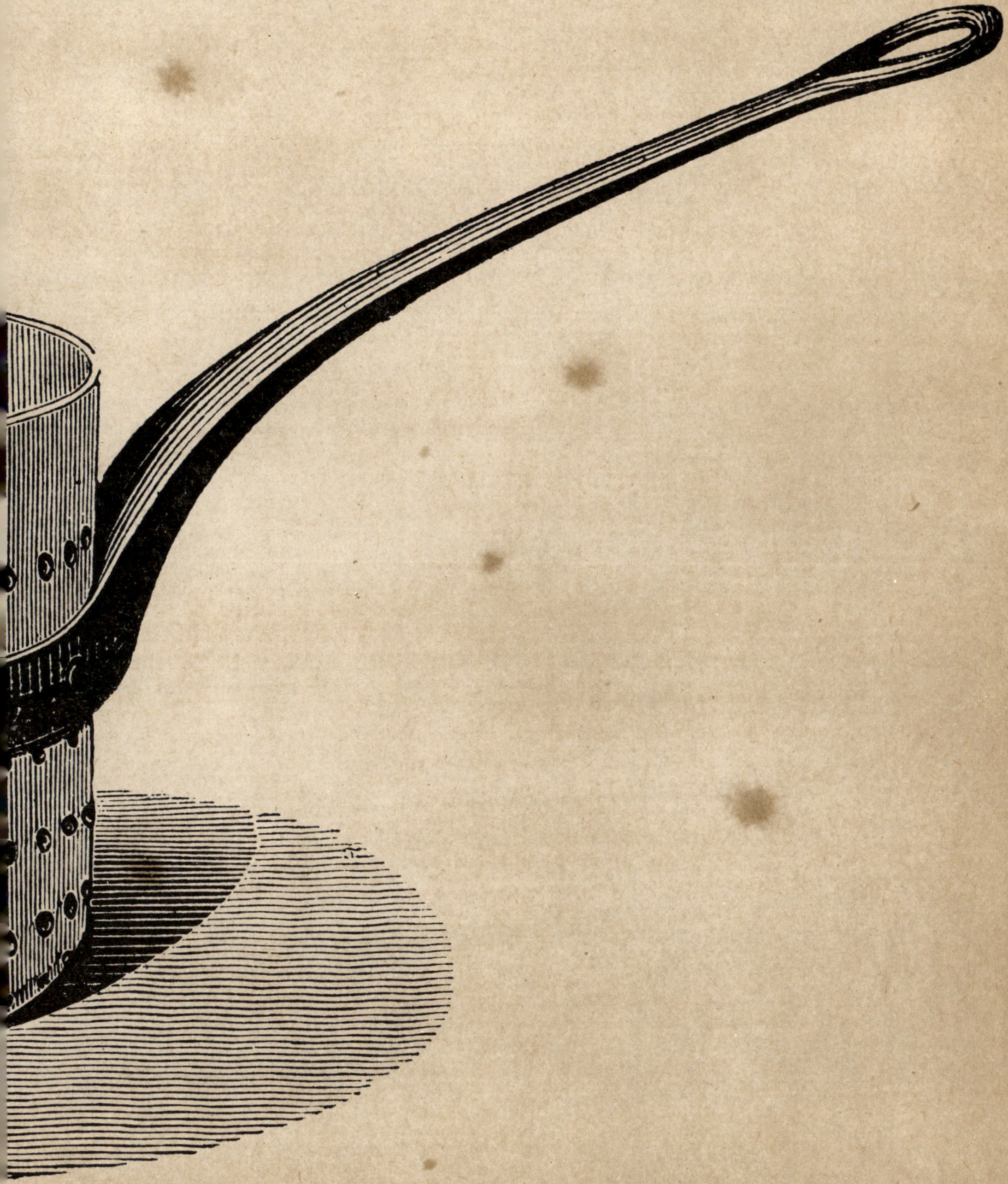

Stampfkartoffeln

1 kg Kartoffeln, mehlige Sorte, 1 Teelöffel Salz,
1 Stich Butter, 1 Tasse Milch

Die Kartoffeln werden geschält und in Salzwasser gar gekocht. Das Wasser wird abgegossen. Die Kartoffeln werden mit einem Stampfer grob zu Brei gestampft und mit etwas Butter und Milch schmackhafter gemacht.

Zwei Dortmunder Varianten:

1. Saure Kartoffeln

In die Stampfkartoffeln gibt man 1 Eßlöffel Essig.

2. Lorbeerkartoffeln

Die geschälten Kartoffeln werden mit einer Zwiebel und zwei Lorbeerblättern zusätzlich gekocht. Danach stampft man die Kartoffeln, wie oben beschrieben.

Stampfkartoffeln - schlesische Art

Die Kartoffeln wie beschrieben kochen und stampfen. Eine Zwiebel in 100 g durchwachsenen geräucherten Bauchspeckwürfeln anbraten und unter den Brei heben. Zusätzlich mit Muskat abschmecken.

Stampfkartoffeln mit Endiviensalat

Endiviensalat:

1 - 2 Stauden Endiviensalat, Salatmarinade nach
dem üblichen Grundrezept.

Endiviensalat putzen; die Wurzel und die äußeren grünen Blätter entfernen. Die zarten Innenblätter sorgfältig waschen, aufeinanderlegen und in dünne Streifen schneiden. Mit Salatmarinade übergießen. Außerdem kann man Speck auslassen und über den Endiviensalat geben.

Häufig werden die Stampfkartoffeln mit dem Endiviensalat von einem Teller gegessen. Dabei vermischen sich beide Gerichte. Wer eine Fleischbeilage wünscht, brät Frikadellen, frische Bratwurst oder Rippchen dazu.
Dazu trinkt man ein Glas Buttermilch.

Kartoffelklöße „halb und halb"

1500 g Kartoffeln, Salz, 170 g Mehl, 2 Eier, Mehl zum Formen, 1 ½ l Wasser

Kartoffeln schälen, waschen. Die Hälfte mit Wasser bedeckt in eine Schüssel beiseite stellen. Die übrigen in Salzwasser 20 Minuten kochen lassen. Wasser abgießen, Kartoffeln ausdämpfen und auskühlen lassen. Die rohen Kartoffeln reiben und ausdrücken. In eine Schüssel geben und die gekochten Kartoffeln daraufreiben. 2 Eßlöffel Mehl zum Wenden abnehmen und auf einen Teller geben. Den Rest unter die Kartoffelmasse mischen. Eier unterrühren und salzen. Leicht gesalzenes Wasser in einem Topf aufkochen. Aus der Kartoffelmasse mit bemehlten Händen Klöße von 5 cm Durchmesser formen. In Mehl wenden. In leicht siedendem Wasser 20 Minuten ziehen lassen. Mit einem Schaumlöffel herausnehmen und abtropfen lassen. Auf einer vorgewärmten Platte anrichten und warm stellen, bis alle Klöße fertig sind.
Tip: Man kann in Fett geröstete Brot- oder Stutenwürfel in die Mitte einkneten.

Kleine Kartoffelklößchen

1 kg Kartoffeln, Salz, 2 l Wasser, 125 g Speck, 1 große Zwiebel

Die Kartoffeln reiben und in einem Leinentuch gut ausdrücken. Kleine Klößchen abzupfen, ins kochende Salzwasser geben und 10 Minuten ziehen lassen.
Inzwischen Speck auslassen und die Zwiebelwürfel mitschmoren. Dieses wird dann über die herausgenommenen Klößchen gegeben. Man kann diese Klößchen auch in der Brühe lassen und als Suppe essen. Speck und Zwiebel werden dann eingerührt.

Pellkartoffeln mit Quark

Ein leichtes Essen, das den Geldbeutel schont, ist immer beliebt. Dieses Gericht wird in Pommern und Schlesien viel gegessen und ist bei den Landsleuten an Ruhr und Emscher heute noch sehr begehrt.

Quark:

1 Becher Magerquark (250 g), 2 mittelgroße Zwiebeln (gewürfelt), 1 Stich Butter (wie ein Eßlöffel groß), etwas Dosenmilch, Schnittlauch, Salz, Pfeffer

Der Quark wird mit den angegebenen Zutaten gemischt und herzhaft gewürzt. Am Tisch pellt „Mutter" die heißen Kartoffeln, und dann bedient sich jeder nach Belieben mit Quark.

Aus einem alten handgeschriebenen Kochbuch aus dem Jahre 1890 aus dem Hattinger Raum:

Kartoffelgemüse

heute unter Bechamel-Kartoffeln bekannt.

„Die Kartoffeln werden mit der Schale gekocht. Nachdem sie kalt geworden sind, werden sie geschält und in Scheiben geschnitten. Alsdann läßt man in einem Topf Butter aus, tut Mehl hinein und läßt dasselbe gelb werden. Dann gießt man halb Wasser und Milch hinzu (je nachdem wieviel Kartoffeln man hat) und Salz, Pfeffer, Essig und Lorbeer. Es muß eine sämige Brühe sein. Dann tut man die Kartoffeln hinzu und schwenkt sie ab und zu mal durcheinander, aber nicht rühren, damit sie nicht zerrührt werden. Kurz vor dem Anrichten gibt man auch noch ein paar Löffel Sahne hinzu." Dazu gebratene Blutwurst.

Kartoffelwaffeln

2 ½ kg Kartoffeln, 5 - 6 Eßlöffel Mehl, 5 - 6 Eier, Salz

Die rohen, geschälten Kartoffeln reiben und ablaufen lassen, dann Mehl und die ganzen Eier dazugeben und den Brei mit Salz abschmecken. Gut vermengen!
Das Waffeleisen einfetten, vorheizen und die Waffeln im Eisen etwa 5 - 7 Minuten backen. Die Kartoffelwaffeln schmecken wie Reibeplätzchen, sind aber trockener, weil sie nicht schwimmend ausgebacken werden. Sie werden heiß mit Rübenkraut oder Apfelmus gegessen.
Im Ruhrgebiet liebt man sie auch kalt auf Pumpernickel, und zwar bestrichen mit Rübenkraut. Diese Zusammenstellung ergibt, mit Milchkaffee serviert, ein typisches Abendbrot.

Erappelspannkauken

Reibekuchenteig (s. Zutaten zu Kartoffelwaffeln), Speck, Fett zum Braten

Man läßt in der Pfanne Speckwürfel aus und füllt soviel Teig in die Pfanne, bis der Boden ganz damit ausgefüllt ist. Ist die untere Seite schön braun gebraten, läßt man den Pfannekuchen auf den Pfannendeckel gleiten, gibt neues Fett in die Pfanne und brät nun die Oberseite kroß. Dieser „Pannekauken" wird in Tortenstücke geteilt und zu Milchsuppe gegessen oder zu grünen Bohnen, Pellkartoffeln und eingelegtem Hering.
Reste davon gibt es abends. Man legt sie kalt auf gebutterte Pumpernickelscheiben und bestreicht sie mit Rübenkraut.

Bratkartoffeln

Neben den vielen Arten von Stampfkartoffeln erfreuen sich Bratkartoffeln großer Beliebtheit. Sie sind schnell herzustellen, preiswert und deftig. Man ißt sie morgens mit einem Marmeladenbrot und Milchkaffee, mittags als schnelle Mahlzeit oder auch abends als Resteverwertung der gekochten, übriggebliebenen Kartoffeln vom Mittag.

Bratkartoffeln mit Kümmel

Kalte, gekochte Kartoffeln werden in Scheiben geschnitten und mit Speck- und Zwiebelwürfeln schön knusprig braun gebraten. Kurz vor dem Servieren streut man eine Prise Kümmel über die Kartoffelpfanne und schwenkt sie gut durch. Dazu ißt man Sauerfleisch (s. Seite 37) oder Zwiebelfleisch (s. Seite 37)

Dortmunder Rosenkranz

1 Ring Räucher-Mettendchen, 1 kg Kartoffeln,
2 Zwiebeln, Bratfett, etwas Wasser

Der Ring der Mettendchen wird rundum an den äußeren Rand in die heiße Pfanne gelegt. In die Mitte der Pfanne gibt man das Bratfett und die geschälten, in Scheiben geschnittenen Kartoffeln. Die Zwiebeln werden in feine Würfel geschnitten und obenauf gestreut. Mit etwas Wasser ablöschen, Deckel schließen und schmoren lassen, bis die Kartoffeln gar sind. Eventuell nachsalzen. Dieses Gericht gibt es vornehmlich zum 2. Frühstück mit einem Marmeladenbrot und Milchkaffee.

Ein Rezept, das ebenfalls aus Dortmund stammt, ist

„Scheiben in der Pfanne"

1 kg Kartoffeln, Bratfett, Salz, Pfeffer, etwas Wasser, 1 Kringel Rotwurst

Die Kartoffeln werden geschält und in Scheiben geschnitten. Bratfett wird in der Pfanne ausgelassen. Die Kartoffelscheiben läßt man kurz anbraten, man gibt Salz und Pfeffer obenauf und löscht den Bratensatz mit einer großen Tasse Wasser ab. Die Scheiben schmoren bei geschlossenem Deckel etwa 15 Minuten. Dann legt man auf die Scheiben einen Kringel Rotwurst und schließt den Deckel wieder für knapp 10 Minuten. Wichtig ist: nicht umrühren!
Dazu: Marmeladenbrot und Milchkaffee. Oft als Mittagessen oder zum Abendbrot serviert.

Hattinger „Pänneken Industrie"

Ein sättigendes Abendessen:

1 kg gekochte Industrie-Kartoffeln, 100 g Schinkenwürfel, 3 Zwiebeln, 2 Eier, etwas Milch, Salz, Pfeffer

Die Kartoffeln würfeln und in der Pfanne mit den Schinkenwürfeln und den Zwiebelringen braten. Eier mit etwas Milch verquirlen, salzen und mit Pfeffer würzen. Über die Kartoffelpfanne gießen und stocken lassen. Nicht umrühren. Pänneken Industrie wird in der Pfanne serviert.

Stiepelsche Kasserolle

1 kg Kartoffeln, 250 g Zwiebeln, Salz, Pfeffer, 1 Tasse Wasser, etwas Fett zum Braten, 4 geräucherte Mettendchen, ½ Bündchen Schnittlauch, ½ Bündchen Petersilie

Das Fett in die Pfanne geben. Die geschälten, in Scheiben geschnittenen Kartoffeln einfüllen und mit einer dicken Schicht Zwiebelringen belegen. Mit Salz und Pfeffer bestreuen. Und nun die in 1½ cm dicke Scheiben geschnittenen Mettwurstendchen auf die Pfanne verteilen. Die Kasserolle mit dem Wasser ablöschen und mit dem Deckel verschließen. Wenn das Wasser verkocht ist, sind die Kartoffeln gar und schön braun von unten. Man setzt die Pfanne auf den Tisch, bestreut sie mit Schnittlauch und Petersilie und sticht dieses Gericht direkt aus der Pfanne ab. Dazu Feldsalat mit Specksoße (s. Seite 94) oder Bohnensalat (s. Seite 93).

Großmütterchens Kartoffelauflauf

Wie ihn Ingrid Redlich aus Essen zubereitet:

1 kg Pellkartoffeln, 200 g gekochter Schinken, 75 g durchwachsener Speck, 200 g Zwiebelringe, 125 g geriebener Käse, 6 Eßlöffel Zwiebackmehl, 1 Ei, Kümmel, Salz, Pfeffer, Muskatpulver, ¼ l Milch und Butterflöckchen

Die gepellten Kartoffeln in Scheiben schneiden, mit Zwiebelringen, Schinken- und Speckwürfeln abwechselnd in eine gefettete Auflaufform schichten. Salz, Pfeffer, Kümmel und Muskat mit dem Ei verrühren und darüber gießen. Obenauf den Käse und das Zwiebackmehl streuen, mit Butterflöckchen belegen und bei 200 Grad 20 Minuten überbacken.
Dazu schmeckt vorzüglich Tomatensalat und ein kühles helles Bier.

Notizen & weitere Rezepte:

Öl, Speck,
Zwiebeln und
Kartoffeln das
reicht zum Leben!

fig. 8

Eier- und Pfannekuchengerichte

Eiergerichte

Eier in Specksoße

8 Eier, 125 g fetter Speck, 2 Eßlöffel Mehl,
1 große Zwiebel, 1/4 l Brühe, Salz, Pfeffer, Essig

Der kleingewürfelte Speck wird mit den Zwiebelwürfeln glasig geröstet und mit Mehl bestäubt. Die Einbrenne wird mit Brühe abgelöscht, aufgekocht und mit den übrigen Zutaten säuerlich abgeschmeckt. In diese Soße legt man mittelweich gekochte Eier und reicht dazu Salzkartoffeln und grünen Salat.

Saure Eier

8 Eier, 2 l Wasser, 1 Teelöffel Salz, 1 Prise Zucker,
1/2 Lorbeerblatt, 1 Tasse Essig, 4 Nelkenkörner,
2 gewürfelte Zwiebeln, etwas Mehl zum Andicken
der Soße, Senf zum Abschmecken der Soße

Das Wasser wird mit den Gewürzen, den Zwiebelwürfeln und dem Essig aufgesetzt und zum Kochen gebracht. Die Eier schlägt man in diese kochende Suppe und läßt sie 4 - 5 Minuten darin stocken. Danach nimmt man sie heraus. Die Brühe wird auf 1/4 l reduziert und durch ein Sieb gegossen. Man kocht sie auf und dickt sie mit Mehl zu einer kräftigen Soße an. Nachdem man sie mit Zucker, Senf und Essig abgeschmeckt hat, gibt man die Eier wieder hinein. Dazu reicht man Kartoffelbrei und Salat.

Sauer macht lustig!

Pfannekuchengerichte

Ein Lieblingsgericht der Hattinger:

Leineweber

Für den Eierkuchenteig werden benötigt:

125 g Mehl, 4 Eier, 1/4 l Milch, 1 Teelöffel Salz,
1 Prise weißer Pfeffer, Fett zum Braten

Außerdem: 500 g Pellkartoffeln, 1/2 Bündchen Petersilie oder Schnittlauch

Aus Mehl, Eiern, Milch, Salz und Pfeffer wird ein dicklicher Pfannekuchenteig hergestellt. Er wird einige Zeit zum Quellen beiseite gestellt. In den Teig schnibbelt man die Kartoffelscheiben und backt in der Pfanne kleine Kuchen daraus.
Sie werden mit gehacktem Schnittlauch oder mit Petersilie bestreut und sofort gegessen.

Blutpfannekuchen

ist ein altes Bauernrezept aus dem Vest Recklinghausen:

Blutwurstreste werden mit Wurstbrühe und Mehl zu einem Pfannekuchenteig verrührt. Daraus backt man kleine Plätzchen und ißt sie warm aus der Pfanne. Sie schmecken auch kalt oder aufgewärmt!

Mettwurstpfannekuchen

auch Fastnachts- oder Osterpfannekuchen genannt

Dieser Pfannekuchen kann viel von alter Tradition erzählen. Er wird im Ruhrgebiet seit Generationen zu besonderen Anlässen gebacken.
In einigen Städten leitete er am Donnerstag vor Rosenmontag die Fastnachtsfeiern ein, in allen Städten aber wurde er am 1. Ostertag noch vor dem Abbrennen des Osterfeuers gegessen. Einem alten

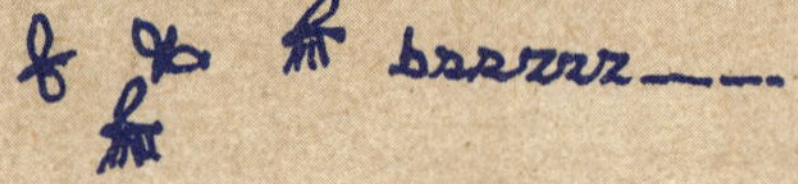

Aberglauben zufolge heißt es, würde man dann das ganze Jahr hindurch von Fliegen und Mücken verschont. Wahrscheinlich aber ist, daß man sonst wegen des reichlichen Eiergenusses nicht hätte schlafen können.
Backen Sie ihn doch auch einmal:

250 g Mehl, 2 Eier, ½ l Milch, 1 Teelöffel Salz, 200 g Mettwurstscheiben, Öl oder Schmalz zum Braten

Die Eier werden mit dem Salz verschlagen und abwechselnd mit Mehl und Milch zu einem halbflüssigen Teig gerührt. 10 Minuten quellen lassen. Etwas Fett wird in der Pfanne zerlassen, man läßt eine Suppenkelle voll Teig in die Pfanne laufen und brät den Kuchen leicht an. Er wird, wenn der Teig noch flüssig ist und bevor er umgedreht wird, dicht mit dünnen Mettwurstscheiben belegt. Am besten nimmt man dazu die dünnen Kringel der luftgetrockneten Mettwurst, da diese Scheiben nicht so groß sind. Man dreht den Pfannekuchen um und brät ihn leicht durch. Den fertigen Pfannekuchen läßt man mit den Mettwurstscheiben nach oben auf einen Teller gleiten. Dazu schmeckt jede Art von Salat.

Buchweizenpfannekuchen

500 g Buchweizenmehl, ½ Teelöffel Salz, 3 Eier, fetter Speck, kalter Kaffee

Aus dem Mehl, den Eiern, dem Salz und dem Kaffee einen dickflüssigen Teig rühren und einige Stunden quellen lassen. Speck in Würfel schneiden, auslassen, eine Kelle voll Teig in die Pfanne laufen lassen und von beiden Seiten schön knusprig braun braten. Man kann ihn auch mit Zwiebel- oder mit Mettwurstscheiben belegen.

Buchweizenpfannekuchen mit Buttermilch

500 g Buchweizenmehl, Salz, 3 Eier, Öl, Buttermilch

Aus Buchweizenmehl, Eiern, Salz und Buttermilch einen dickflüssigen Teig herstellen und einige Stunden quellen lassen. In Öl schön knusprig abbacken.
Lecker ist es, ihn mit Rübenkraut zu bestreichen.
Auch kalt schmeckt Buchweizenpfannekuchen gut und zwar entweder mit Rübenkraut bestrichen oder zur Milchsuppe.

Notizen & weitere Rezepte:

Notizen & weitere Rezepte:

fig · 9

Gemüse und Salate

Gemüse

Wirsing in heller Soße

1 Kopf Wirsing oder Weißkohl, 40 g Butter, 40 g Mehl, 1/8 l Brühe, 1/8 l Milch, Salz, Muskat, Pfeffer

Der Wirsing oder Weißkohl wird in breite Streifen geschnitten (die dicken Rippen werden entfernt) und in Salzwasser fast gar gekocht.
Helle Soße bereiten:
Butter mit Mehl anschwitzen und mit Brühe und Milch binden. Mit Salz, Pfeffer und Muskat abschmecken. Den Kohl gut ausdrücken und unter die Soße heben. Man soll darauf achten, daß viel Gemüse und wenig Soße vorhanden ist, damit das Gericht nicht wie in einer Suppe schwimmt, sondern nur schmackhaft gebunden ist.

Kohlrouladen

Fritz & Familie dazu bitten

Eigentlich sind sie typisch für Schlesien, aber sie haben sich im Ruhrgebiet fest eingebürgert, wie überhaupt Kohl vielfach mit Hackfleisch kombiniert wird.

1 Kopf Wirsing oder Weißkohl (ungefähr 1 kg), 500 g Gehacktes, 1 Zwiebel, 1 Ei, 1 Brötchen, oder 1 Eßlöffel Paniermehl, Pfeffer, Salz, Mehl zum Binden, 3/8 l Brühe, etwas saure Sahne

Der Kohl wird entblättert. Bei den großen Blättern werden die dicken Rippen abgeflacht. Die Blätter in Salzwasser einmal überwellen, so daß man die Blätter gut einrollen kann. Inzwischen das Hackfleisch mit den Zutaten vermengen. Das Wasser vom Kohl abgießen, die Blätter ausbreiten, die großen zu unterst, die kleinen zum Stützen darauflegen. Auf jede Wickel das Hackfleisch gleichmäßig verteilen und als Roulade aufrollen. Diese mit einem Faden oder Rouladenspieß zusammenhalten. Nun Fett in einer

Kasserolle auslassen und die Kohlrouladen nebeneinander einschichten und anbraten. Mit Brühe auffüllen und 20 - 30 Minuten schmoren lassen. Die Soße mit Mehl binden, mit saurer Sahne und Pfeffer verfeinern.
Dazu gehören Salzkartoffeln.

Weißkohl - Hackfleisch - Gericht

750 g Weißkohl, 250 g Hackfleisch, (halb Rind und halb Schweinefleisch), 1 Ei, 1 Zwiebel, 1 Eßlöffel Paniermehl, 1 Teelöffel Salz, 1 Prise Pfeffer, 50 g Speck, 3/8 l Fleischbrühe, 2 Teelöffel Kümmel

Weißkohl in Streifen schneiden, Strünke entfernen. Das Hackfleisch mit Ei, Paniermehl, Zwiebel, Salz und Pfeffer verkneten. Den Speck auslassen und die Fleischmasse darin anbraten. Gut umrühren, damit nichts ansetzt. Vor dem Ablöschen mit Brühe den Weißkohl kurz mit anschmoren, den Kümmel zufügen und dann mit Brühe auffüllen, zugedeckt gar dünsten und mit Salz und Pfeffer abschmecken.
Dazu reicht man Salzkartoffeln.
Tip: Wenn das Gericht zu wässerig ist, bindet man es mit Mehl ab oder kocht kleine, mehlige Kartoffeln mit, die man leicht zerstampft.

Ähnlich ist der
Kohlpudding

1 kg Wirsing, 375 g gemischtes Hackfleisch, 1 Ei, 1 1/2 l Wasser, 1 Zwiebel, 1 Brötchen, Salz, Pfeffer

Salzwasser zum Kochen bringen. Den gesäuberten Wirsing so lange darin kochen bis sich die Blätter lösen. Dann den Wirsingkopf vorsichtig herausnehmen und vom Strunk lösen. Die dicken Rippen werden entfernt. Aus Hackfleisch, Ei, Zwiebel, Salz und Pfeffer einen Teig herstellen, dem man ein vorher eingeweichtes Brötchen beimischt. Nun eine gefettete Puddingform mit einigen großen Kohlblättern auslegen. Abwechselnd Kohl und Hackfleisch-

masse einfüllen. Die obere Schicht müssen Kohlblätter sein. Die Form gut verschließen und im Wasserbad in etwa 1½ Stunden garkochen. Zum Servieren wird der Kohlpudding auf eine Platte gestürzt und mit Tomaten- oder Kapernsoße gereicht.
Hierzu die Rezepte:

Tomatensoße aus Tomatenmark

40 g Butter, 30 g Mehl, 1 Teelöffel Zwiebelwürfel, 1 Dose Tomatenmark, ¼ l Brühe, 1 Prise Zucker, Salz, Thymian, 2 Eßlöffel Sahne

Aus Mehl, Fett und Zwiebelwürfeln eine Einbrenne herstellen. Dann wird das Tomatenmark hinzugegeben und kurz mitgedämpft. Nun die Flüssigkeit langsam hinzugeben und aufkochen lassen. Die Soße wird mit den Gewürzen abgeschmeckt und mit der Sahne verfeinert.
Tip: Man kann die Soße mit 50 g Schinken- oder Mettwurstresten, in Stücke geschnitten, verfeinern.

Kapernsoße

40 g Butter, 30 g Mehl, ¼ l Brühe, 1 Eßlöffel Kapern, 1 Eigelb, 1 - 2 Eßlöffel Sahne, 1 Prise Zucker, 2 Eßlöffel Weißwein oder Zitronensaft

Aus dem Fett und dem Mehl eine Einbrenne herstellen. Mit der Flüssigkeit auffüllen und durchkochen lassen. Dann wird die Soße mit den feingestoßenen Kapern, dem Zucker, Weißwein und Salz abgeschmeckt. Zum Schluß das in Sahne verschlagene Eigelb unterrühren.

Saure Bohnen

250 g weiße Bohnen, 1 l Wasser, 125 g Speck, Salz, Essig, 500 g Bauchfleisch

Die Bohnen werden eine Nacht über in Wasser eingeweicht und am anderen Morgen mit dem Einweichwasser, mit Salz und dem Bauchfleisch aufgesetzt und in 1 ½ Stunden gar gekocht. Sollte noch viel Flüssigkeit vorhanden sein, gießt man soviel ab, daß die Bohnen nicht anbrennen können. Man schmeckt sie mit Salz und Essig ab und reichert sie mit ausgebratenen Speckwürfeln an. Das Bauchfleisch schneidet man in Scheiben und reicht es mit Kartoffelbrei dazu.
Ein altes Rezept: Das Bauchfleisch etwas auskühlen lassen, durch Paniermehl wälzen und dann von beiden Seiten in der Pfanne braten.

Gebackene Bohnen

250 g weiße Bohnen, 1 l Wasser, 500 g Bauchfleisch, 1 Zwiebel, Salz, etwas Bohnenkraut (wer mag), 40 g Mehl, 20 g Butter oder anderes Bratfett, 60 g Speck, in Würfel geschnitten

Die Bohnen werden über Nacht in Wasser eingeweicht und am anderen Morgen mit dem Einweichwasser, den Gewürzen, Kräutern und dem Bauchfleisch 1 Stunde lang gekocht. Aus Fett, Speck und Mehl bereitet man eine helle Mehlschwitze und löscht sie mit soviel Brühe ab, daß eine nicht zu dicke Soße entsteht. Unter diese Soße zieht man die halb garen Bohnen, schiebt den Topf in den Backofen und läßt das Gericht noch einmal 1 Stunde bei 220° C. quellen. Man schmeckt den „Topf" pikant ab und säuert ihn eventuell leicht mit Essig.
Dazu werden Pellkartoffeln und eingelegter Hering gegessen. Das gekochte Bauchfleisch aß man früher kalt aufgeschnitten auf Pumpernickel, dick mit Senf bestrichen und gepfeffert. Dazu schmeckte dann ein Gewürzgürkchen recht gut. Das war eine gute Unterlage für die Arbeit nach dem 2. Frühstück.

Geschmorte Zwiebeln

1 kg Gemüsezwiebeln, 80 g Bratfett, 100 g gewürfelter fetter Speck, 1 Prise Salz

Die Zwiebeln zieht man ab und schneidet sie in Scheiben. Das Fett und der Speck werden in der Pfanne zerlassen. Die Zwiebeln schmoren in dem Fett, bis sie in Ringe zerfallen und hellbraun sind. Man salzt sie und reicht sie zu Pellkartoffeln und eingelegtem Hering.
Schnellgericht:
Hoch auf Brotscheiben packen und sofort essen.

Salate

Möhrensalat

1 kg Möhren, 1 Zwiebel, Salz, Pfeffer, Essig, Öl
⅛ l frische Sahne

Die Möhren schälen, waschen, in Stifte schneiden und 15 Minuten kochen. Abtropfen lassen. Aus Öl, Essig, Salz, Pfeffer und kleingewürfelter Zwiebel eine Soße herstellen. Mit ⅛ l frischer Sahne kann man die Salatsoße noch verfeinern. Die Möhren hineingeben und etwa 2 Stunden darin durchziehen lassen.
Der Salat wird an Sonntagen zu Braten und Salzkartoffeln gegessen.

gut für die Augen!

Bohnensalat

500 g grüne Bohnen, 1 Zwiebel, Salz, Pfeffer, Essig, Öl, 1 Prise Zucker, etwas Milch

Die grünen Bohnen abfädeln, in Stücke schneiden und in Salzwasser abkochen. Aus Öl, Essig, Salz, Pfeffer, kleingeschnittener Zwiebel, 1 Prise Zucker und Milch eine Marinade herstellen und über die noch warmen trockenen Bohnen geben. Bis zum völligen Auskühlen durchziehen lassen und öfter umrühren.
Dieser Salat schmeckt gut zu Nackenkotelett oder Hering.

Sauerkrautsalat

500 g Sauerkraut, 50 g fetter Speck, 1 Zwiebel, Salz, Pfeffer, Maggi, eventuell etwas Zucker

Das Sauerkraut wird 10 Minuten lang abgekocht. Über das noch warme Kraut gibt man die ausgelassenen Speckwürfel und das Fett, die Zwiebelwürfel, Salz, Pfeffer, einige Spritzer Maggi und eventuell etwas Zucker. Der Salat muß einige Zeit durchziehen und schmeckt gut zu Schinkenbraten, gebratenen Täubchen, Bratkartoffeln oder zur Stiepelschen Kasserolle.

Selleriesalat

1 - 2 Sellerieknollen, 2 - 3 saure Äpfel, Salatmarinade aus Öl, Essig, Salz, Zucker, 1 Zwiebel

Sellerie waschen, kräftig bürsten, große Knollen halbieren in wenig Wasser weich dämpfen. Kalt überbrausen, damit sie sich leichter schälen lassen. Noch warm in kleine Würfel schneiden. Äpfel schälen und auch in Würfel schneiden. Beides wird mit der Salatmarinade übergossen. Er ist heute ein beliebter Partysalat, wurde früher aber häufig sonntagsabends zum Fleischbutterbrot gegessen. In einigen Familien kamen noch Kartoffelreste vom Mittag hinein. Dann wurde der Salat mit Würstchen als vollständiges Abendbrot gereicht. Dazu trank man schwarzen Tee, mit Vanillearoma angereichert und mit Kandis gesüßt.

Feldsalat mit Specksoße „Rapunzel-Salat"

1 großer Durchschlag Feldsalat, 50 g geräucherter, durchwachsener Speck, Salz, Zucker, Pfeffer, 2 Eßlöffel Essig

Der Salat wird gewaschen und in eine weite Schüssel gehäuft. Der Speck wird gewürfelt und in einer Pfanne zerlassen. Man löscht ihn mit Essig ab und gießt ihn über den Salat. Er muß sofort gegessen werden.

Kartoffelsalat

Grundrezept:

1 kg Kartoffeln, 1 kleines Glas Mayonnaise, 1 Zwiebel, 1 Gewürzgurke, 1/8 l Sahne oder Dosenmilch, Salz, Pfeffer, 1 Prise Zucker, 1 Teelöffel Senf, Essig

Die Kartoffeln schälen, kochen und erkalten lassen. Danach in Würfel oder in Scheiben schneiden. Mit kleingewürfelten Zwiebeln und Gurken anreichern. Die Mayonnaise wird mit Dosenmilch oder Sahne verlängert und mit dem Senf und Essig über die Kartoffeln gegeben. Gut vermengt muß der Salat 1 - 2 Stunden ziehen. Abschmecken mit Salz, Pfeffer und Zucker.
Veränderung:
Entweder mit Gurkensalat oder Endiviensalat vermengen. Gut schmecken auch rote Beete-Scheiben, die in kleine Stückchen geschnitten sind, rote Beetesaft und zwei eingelegte Heringe, in Stückchen geschnitten, darin. Vielfach ißt man diesen Salat auf einer Scheibe Brot, die mit Butter bestrichen ist. Dazu gibt es Kaffee mit Milch oder Tee mit Zitrone und Kandis.

Warmer Kartoffelsalat

1 kg Kartoffeln, 2 Zwiebeln, 1/8 l Brühe, 50 g Speck (fett, geräuchert), Pfeffer, Salz, Essig, Zucker

Die gewaschenen Kartoffeln werden in der Schale gekocht und danach gepellt. Wenn sie etwas abgekühlt sind, werden sie in Scheiben geschnitten und mit heißer Brühe übergossen. Dahinein kommen die gehackten Zwiebeln. Man schmeckt den Salat mit Salz, Zucker, Pfeffer und Essig pikant süßsauer ab. Der Speck wird in Würfel geschnitten und ausgelassen. Fett und Speckwürfel gießt man über den Salat und serviert ihn noch warm.
Früher bereitete man den Salat schon früh zu und stellte ihn hinten auf den Kohleherd, damit er warm blieb und gut durchzog. Der Speck kam allerdings auch da erst kurz vor dem Servieren dazu.
Dazu reicht man gebratenen Fisch oder gebratenen grünen Hering (s. Seite 52.)
Ein Dortmunder Tip: Schneiden Sie in diesen Kartoffelsalat zwei gewässerte Salzheringe. Dann reicht man aber statt Fisch hartgekochte Eier dazu.

gibts auf der nächsten Fete.

Notizen & weitere Rezepte:

Tante Lisbeths Feiertagsessen
aus Anlaß ihrer Silberhochzeit

*

Rindfleischsuppe mit feinen Einlagen

*

Gänse – Weißsauer

*

Gebackener Schweinebraten
Sauerkraut mit weißen Bohnen

*

Kalbsbraten, Gemüseplatte
mit feinem Schmorgemüse
Salat

*

Dicker Reis mit Zimt u. Zucker
Grießpudding mit Rosinen u.
Himbeersaft

*

Notizen & weitere Rezepte:

fig. 10

Desserts

Rhabarberkompott mit Stuten

1 kg Rhabarber, ¼ l Wasser, 125 g Zucker,
2 - 3 Scheiben Stuten

Rhabarber waschen, schälen und in Stücke schneiden. Mit wenig Wasser nicht ganz weich kochen. Von der Kochstelle nehmen, Zucker einstreuen und verrühren. Der Stuten wird in Stücke gebrochen und in dasKompott gegeben. Er macht das Kompott sämig und nimmt die Säure ein wenig weg.

Pflaumen und Klöße, warm oder kalt zu essen

1. 250 g Trockenpflaumen, 1 Stange Zimt, Zucker
2. 3 Eier, 6 Eßlöffel Mehl, Prise Salz

Die Trockenpflaumen eine Nacht quellen lassen. Am nächsten Tag mit Wasser und 1 Stange Zimt aufkochen.
Für die Klößchen rührt man soviel Mehl in die verschlagenen Eier, bis die Masse dick bindet, gibt eine Prise Salz hinzu und sticht mit dem Löffel Klößchen in Pflaumengröße ab und kocht sie mit dem Pflaumenkompott noch etwa 5 - 7 Minuten mit. Nach Geschmack süßen.
Tip: In den Klößchenteig kleine Apfelstückchen drücken. Dazu serviert man Milch im Kännchen oder halbsteif geschlagene süße Sahne.

Schokoladenpudding

1 l Milch, 60 g Kakao, 100 g Zucker, 4 Eigelb,
3 Eiweiß, 14 Blatt Gelatine

Die Milch wird mit Kakao und dem Zucker aufgekocht, mit dem Eigelb legiert und mit der aufgelösten Gelatine gebunden. Die Eiweiß schlägt man steif und hebt sie unter die gelierende Masse. Dazu schmeckt Vanillesoße sehr gut.

Westfälische Weihnachtsspeise

250 g geschälte Nüsse, ½ l Sahne, 2 Eßlöffel Zucker, 250 g Weihnachtsgebäck (Spekulatius u. ä.), etwas Likör „Kakao mit Nuß"

Die Nüsse werden in feine Scheibchen geschnitten. Die Sahne schlägt man mit dem Zucker sehr steif. Das Gebäck wird unter einem sauberen Küchentuch mit der Kuchenrolle „zerrollt" d. h. zu Bröseln gerollt. Nüsse, Brösel und Likör werden vermischt. Nun füllt man die Bröselmischung und die Sahne schichtweise in Gläser und verziert mit Sahnetupfern und ganzen Nüssen oder Spekulatiusfiguren. Die Gläser stellt man auf Dessertteller, die man rundherum mit kleinen Tannenzapfen dekoriert.

Makufki

Dieses Rezept stammt von Frau Hartmann aus Bottrop.

Makufki ist eine schlesische Weihnachtsspeise. Sie ist allgemein unter dem Namen „Mohnklöße" bekannt, obschon es keine Klöße sind. Makufki sättigt sehr stark und wird in vielen Familien am Heiligabend als Hauptmahlzeit gereicht.

6 altbackene Brötchen, 2 l Milch, 200 g Zucker, 100 g Rosinen, 60 g Butter, 500 g Mohn (gemahlen)

Die Brötchen schneidet man in dicke Scheiben und legt sie auf eine große Platte. Man übergießt sie mit etwas heißer Milch und streut Zucker darüber. Es darf nur soviel Milch zugegeben werden, daß die Brötchen aufweichen, sie dürfen aber nicht pappen. Die restliche Milch wird mit dem Mohn, den Rosinen, dem Zucker und der Butter aufgekocht und muß etwa 10 Minuten köcheln. Alsdann werden Brötchen und Mohnbrei schichtweise in eine Glasschüssel gefüllt, kalt gestellt und vor dem Servieren durchgerührt.
In manchen Familien wird Makufki mit gemahlenen Mandeln angereichert und mit Vanillesoße begossen.
Dazu trinkt man schwarzen Tee oder Glühwein.

fig . 11

Brot und Gebäck

Brot

Im Ruhrgebiet spielen das Brot und der Brotbelag als Beilage zu vielen Gerichten eine große Rolle. Bestrichene „Kniften" werden zu allen möglichen Gelegenheiten gegessen und sind oft Ersatz für Fleisch oder Gemüse. Sie werden morgens zu Bratkartoffeln oder allein gegessen, mittags neben dem Eintopf und abends zu Milchsuppen, Pfannekuchen oder zu Bratkartoffeln und Milchkaffee.

Hier einige typische Kombinationen:

1. Gebutterte Knifte mit Sauerfleisch oder Zwiebelfleisch
2. Panhas oder Blutpfannekuchen auf Brot
3. Gekochter Speck auf Pumpernickel
4. Kartoffelsalat oder kalte gekochte Kartoffeln auf Brot
5. Kalte Kartoffeln oder kalte Reibekuchen auf Pumpernickel und darüber Rübenkraut
6. Marmeladenbrot zu Bratkartoffeln, Dortmunder Rosenkranz, „Scheiben in der Pfanne". Dazu Milchkaffee
7. Marmeladenbrot mit Schmand (= Rahm der Milch)
8. Geschmorte Zwiebeln oder Brathering zum Brot
9. Schmalzstulle und Quarkknifte.

Eine besondere Stellung nehmen die Schmalzstullen und die Dubbels ein.
Die Schmalzstulle reicht man häufig beim 1. Spatenstich eines Hauses mit Bier und „Korn".
Dubbels waren doppelte Kniften, die der Bergmann dick eingepackt in Zeitungspapier, mit in die Grube nahm. Bei Halbzeit der Schicht wurde auf der Gezähekiste gedubbelt. Diese Dubbels waren immer gut mit Aufschnitt, kalten Koteletts, Spiegelei oder Käse belegt, da die schwere Arbeit kräftiges gutes Essen voraussetzte. Hatte jemand Rübenkraut-Dubbels zur Schicht mitbekommen, so wurde er mit dieser „Bergmannswurst" geneckt. Zu den Dubbels gehörte als Getränk kalter Kaffee oder Tee aus der Kaffeepulle.

Ne Knifte inne Hand, is besser als'n Braten inne Röhre!

Kniften

Quarkbrot

Landbrot wird gebuttert und dick mit Quarkstippe (s. Seite 72) bestrichen. Die Ecken werden mit Butter gefüllt. Auch obenauf noch kleine Butterflöckchen legen. Man kann auch Marmelade darauf geben.

Knoblauchbrot

Eine Scheibe Brot wird in der Pfanne mit etwas Butter goldgelb geröstet. Danach reibt man mit einer Knoblauchzehe das Brot ein. Das ist ein Muntermacher „für zwischendurch".

Schmalzstulle

Flomenfett wird ausgelassen; unterschiedlich schmort man Zwiebelwürfel oder Apfelstückchen darin mit. Zum Auskühlen in den Keller stellen. Dieses Schmalz wird auf Brotscheiben gestrichen, mit Salz bestreut oder mit Rübenkraut beträufelt.

Darauf hält Oma große Stücke!

Schnupfen-Brot

ißt man am Abend vor dem Schlafengehen:
Eine Scheibe Brot wird gebuttert, dick mit gekochten Zwiebeln belegt, gepfeffert und mit Honig beträufelt.
Am anderen Morgen soll der Schnupfen verflogen sein.

Salzkuchen (Dortmund)

Außerhalb Dortmunds wenig bekannt, in Dortmund aber sind sie seit über hundert Jahren heißgeliebt. Sie werden jeden Morgen in den Bäckereien angeboten und sind immer sehr schnell vergriffen. Es gibt wohl keine Kneipe, keine Gaststätte, die nicht Salzkuchen auf der Speisekarte führt. Salzkuchen sind „handgezogene" Brötchen, pikant gewürzt und gefüllt. So werden sie hergestellt und serviert: Brötchenteig wird gerollt. Eine Scheibe wird von der Rolle abgeschnitten und von Hand so gezogen, daß in der Mitte ein Loch entsteht. Man mischt grobes Salz mit Kümmel im Verhältnis 1 : 3, bestreicht die Brötchen mit Wasser und bestreut sie mit der Salz - Kümmel - Mischung. Dann werden sie knusprig braun gebacken.

Vor dem Servieren werden die Salzkuchen wieder aufgewärmt, durchgeschnitten und dick mit Mett belegt. Auf das Mett gibt man grobe Zwiebelwürfel, klappt die Oberseite darüber und streut die restlichen Zwiebelwürfel in das Loch.

Können Sie sich denken, daß diese Salzkuchen herrlich zu Bier und Schnaps schmecken?

Viele Gaststätten Dortmunds bieten sie seit einiger Zeit auch mit Tartar, einer dicken Scheibe Schwartemagen oder Käse an.

Micken

Früher waren sie überall im Ruhrgebiet bekannt. Sie waren ein Sonntags- und Feiertagsgebäck und sind auch heute noch vielerorts als eine preiswerte Leckerei begehrt. So werden sie hergestellt:

1 kg Mehl, 3/8 l Milch, 60 g Hefe, 125 g Zucker,
100 g Butter, 2 Eier, 1 Teelöffel Salz

Das Mehl wird in eine Schüssel gegeben und in die Mitte eine Vertiefung gedrückt. Die mit etwas lauwarmer Milch und ½ Teelöffel Zucker verrührte Hefe kommt in diese Vertiefung und wird mit Mehl zum Vorteig verrührt. Mit Mehl bestäubt muß er 20 Minuten an einem Ort „gehen" (d. h. doppelt so hoch werden). Danach werden Zucker, Eier, Salz, die flüssige, noch warme Butter und der Rest der warmen Milch hinzugegeben und mit dem Vorteig und dem Mehl zu einem glatten Teig verarbeitet. Er wird so lange mit einem Löffel „geschlagen", bis er geschmeidig ist und sich vom Rand der Schüssel löst. Man knetet ihn danach noch gut durch und läßt ihn wieder 30 - 40 Minuten „gehen". Der so vorbereitete Teig wird dann zu länglichen Brötchen geformt und dicht nebeneinander in Reihen auf ein Backblech (oder auch in eine Kastenform) gesetzt. Die Brötchen müssen noch einmal „gehen" und dabei fest aneinanderstoßen, damit sie recht hoch werden. Diese Brötchen, die wie ein Brot zusammenbacken, nennt man Micken. Man backt sie nach dem „Gehen" etwa 20 Minuten bei mittlerer Hitze. Ausgekühlt bricht man ein Teilstück, Micke genannt, ab und bestreicht sie mit Butter und Marmelade oder ißt sie ohne Aufstrich. (s. auch Mickensoppen Seite 22)

Platz, auch Plaß genannt

Plaß war ein altes Festtagsgebäck, das es nur an besonderen Feiertagen wie Weihnachten, Ostern, zu Hochzeiten oder Kindtaufen gab. Man bestrich die Scheiben gut mit Butter und trank dazu Bohnenkaffee. Platz wird heute wieder häufiger gebacken.

1 kg Mehl, ½ l Milch, 300 g Zucker, 200 g Rosinen,
250 g Fett, 1 Eßlöffel Öl, 60 g Hefe

Der Hefeteig wird vorbereitet wie Micken (s. Seite 106). Die Rosinen werden 1 Stunde vorher in Einweichwasser gelegt, anschließend in Mehl gerollt und mit dem Teig verknetet. Man formt einen runden Brotlaib, schneidet ein Kreuz hinein und backt den Platz etwa 1 Stunde bei 200° C. Er wird noch warm mit flüssiger Butter und kalt mit leichtem Puderzuckerguß hauchdünn bestrichen.
Abwandlung:
Der Teig wird ausgerollt, mit Rosinen belegt und aufgerollt. Von der Rolle schneidet man 1 - 2 cm dicke Scheiben ab und backt sie - als Schnecken bekannt - goldgelb ab. Mit Puderzuckerguß dünn überziehen.

Gebäck

Seit rund 200 Jahren im Ruhrgebiet beliebt ist das
Aschermittwochsgebäck - Hete-Weggen -

Hete-Weggen = Heiße Brötchen sollen warm gegessen werden. Sie symbolisieren den Abschluß der fröhlichen Fastnachtstage. Einen Hefeteig herstellen (s. Seite 106). In diesen Hefeteig noch Korinthen, je 1 Messerspitze Zimt und Kardamom einarbeiten. Dieser Teig wird 1 cm dick ausgerollt, die Ecken nach innen eingeschlagen und mit Eigelb bestrichen. Dann werden sie bei 225° C auf dem Blech ausgebacken.

Bäbbelkes
Mancherorts auch „Ballbäuschen" genannt.

500 g Mehl, 30 g Hefe, 75 - 100 g Zucker, 1 Prise Zucker, knapp ¼ l Milch oder Rahm, 125 g Butter, 1 ganzes Ei, Schmalz zum Ausbacken, Zucker

Einen Hefeteig wie auf Seite 106 herstellen. Dann wird in einer Kasserolle Schmalz erhitzt. Mit dem Löffel Teig abstechen und als Kugeln in dem heißen Fett ausbacken. In eine Schüssel legen und mit Zucker überstreuen.
Bäbbelkes werden hauptsächlich zu Silvester, Neujahr und Fastnacht gebacken.
Abänderung:
In manchen Familien bevorzugt man sie mit Rosinen. Dazu braucht man etwa 150 g, die in den Teig eingearbeitet werden. Anschließend nach dem Backen rollt man sie durch ein Zimt-Zucker-Gemisch.

Haferflockenplätzchen

*250 g Haferflocken, 200 g Butter, 125 g Mehl,
2 gestrichene Teelöffel Backpulver, 200 g Zucker,
1 Päckchen Vanille-Zucker, 1 Ei*

Die Haferflocken gibt man in eine Schüssel, gießt darüber die heiße zerlassene Butter, damit die Flocken gebrüht werden, verrührt sie gut und läßt sie auf Handwärme erkalten. Dann fügt man das mit Backpulver gemischte und gesiebte Mehl hinzu, den Vanille-Zucker und den Zucker. Man erhält einen etwas krümeligen Teig, den man unter Zugabe von 1 Ei wieder glattrührt. Mit dem Teelöffel werden kleine Häufchen in größerem Abstand (da der Teig sehr zerläuft) auf ein gefettetes, bemehltes Blech gesetzt. Man backt dieselben bei guter Mittelhitze 15 - 20 Minuten goldgelb aus.

Frau Fisters Kümmelwaffeln

*125 g Butter (nicht Margarine), 1 Teelöffel Salz,
2 ½ Eßlöffel Kümmel, 2 Eier, 180 g Mehl, 1 kleine
Dose Milch (10 %), ½ Glas kaltes Wasser*

Die Butter wird leicht geschmolzen und mit Salz und Kümmel angereichert. Man läßt die Masse abkühlen, bis die Butter rührfähig ist. In der Butter schlägt man 2 Eier schaumig, gibt abwechselnd Mehl, Milch und Wasser zu und stellt den Teig dann 1 Nacht in den Kühlschrank. Am anderen Morgen rührt man ihn durch und backt in einem Neujährcheneisen dünne Fladen daraus. Sie werden im Gegensatz zu den Neujährchen nicht gerollt.
Kümmelwaffeln schmecken herrlich zu Bier, Wein und Rotwein und halten sich in einer gut schließenden Dose wochenlang frisch.

Mohnkuchen nach Frau Hetmann

Einen Hefeteig herstellen (s. Micken Seite 106)

Fülle 1:

500 g gemahlener Mohn, 125 g Butter, 150 g Zucker, 125 g Rosinen, Zitronenaroma, ½ l Milch

Der Mohn wird mit den übrigen Zutaten langsam zu einem Brei gekocht. Dabei muß man ständig rühren, damit der Mohn nicht anbrennt. Dieser Mohnbrei wird

a) auf den ausgerollten Teig gegeben und mit Streuseln bedeckt gebacken oder

b) zu einer Rolle geformt, von den Längsseiten zur Mitte hin aufgerollt, mit Milch bestrichen und auf einem gefetteten mit Mehl bestäubten Blech 60 - 70 Minuten bei 190 - 200 ° C gebacken. Noch heiß mit Puderzucker bestreuen.

Fülle 2:

375 g Mohn, 100 g Grieß, ¾ l Milch, 2 Eßlöffel Zucker, 1 Ei, Mandeln, Rosinen, Zitronensaft oder Aroma, 2 - 3 Eßlöffel Kirschsaft

Aus der Milch, dem Grieß und Mohn einen Brei kochen. Alle anderen Zutaten hinzufügen, verkneten und auf den Teig geben.

Mohnstollen

Wie ihn Frau Geißler zum Weihnachtsfest backt

Dieses Rezept reicht für 2 mittelgroße Stollen.

700 g Mehl, 40 g Hefe, 1 Ei, 160 g Zucker, 60 g Fett, und 60 g Butter, ½ l Milch

Aus diesen Zutaten einen Hefeteig herstellen (s. Micken Seite 106)

Mohnfüllung:

500 g gemahlener Mohn, ¼ *l kochendes Wasser, 60 - 80 g Fett, 150 g Honig, 120 - 150 g Zucker, 1 - 2 Eier, 80 g gemahlene Haselnüsse, 150 g Rosinen, 50 - 70 g Zitronat, 6 - 8 Tropfen Bittermandelöl, 1 Gläschen Weinbrand*

Mohn mit dem kochenden Wasser, dem Fett und dem Honig erhitzen. Nun alle übrigen Zutaten hinzugeben, so daß es eine gut streichfähige Masse gibt. Der Hefeteig wird geteilt und ausgerollt, gleichmäßig mit der Fülle bestrichen, eingerollt, auf ein gefettetes Blech gesetzt und nochmal zum Aufgehen warm gestellt. Bei 175° C 60 Minuten lang backen. Mit einem Guß aus Puderzucker und Zitronensaft bestreichen.

Dortmunder Apfelkuchen

Teig:

200 g Mehl, 90 g Zucker, 150 g Butter, 1 Ei
1 Prise Salz, ½ Tasse Milch, 2 Tropfen Zitronenöl,
1 Teelöffel Backpulver

Belag:

1 kg Äpfel, 1 Handvoll Rosinen oder Korinthen

Guß:

1 Becher saure Sahne, 1 Ei, 1 Päckchen Vanille-Zucker, 1 Teelöffel Mehl

Aus den angegebenen Zutaten wird ein lockerer Teig gerührt und in eine gefettete Springform mit dem Durchmesser von 26 cm gefüllt. Den Teig mit Paniermehl bestreuen. Die Äpfel werden geschält, in feine Scheibchen geschnitten und, mit Rosinen oder Korinthen vermischt, auf dem Teig verteilt. Wer keine Rosinen mag, läßt sie weg. Die Äpfel werden mit einem Gemisch aus verschlagener saurer Sahne, Vanillezucker, verschlagenem Ei und etwas Mehl begossen. Bei 225° C etwa 60 Minuten backen.

Kartoffelkuchen (Bochum)

500 g gekochte , geriebene Kartoffeln vom Vortag, 375 g Zucker, 4 Eier, 2 Eßlöffel Mondamin, ½ Päckchen Backpulver, 125 g geriebene Mandeln oder Nüsse, Saft und Schale 1 Zitrone

Zucker, Eigelb und Zitrone verrühren, dann Mandeln oder Nüsse, Kartoffeln und Mondamin zufügen. Zuletzt Backpulver und das geschlagene Eiweiß unterziehen. Den Teig in eine Springform füllen und 1 Stunde bei mäßiger Hitze backen.

Kartoffelkrümelkuchen

250 g geriebene Kartoffeln, 250 g Mehl, 200 g Zukker, 1 Ei, 40 g Butter, 1 ½ Päckchen Backpulver, 1 Päckchen Vanillezucker

Diese Zutaten werden verknetet, in den Händen zu Streuseln zerrieben, in die Springform gekrümelt und abgebacken.
Abwandlung:
Die Hälfte der Kartoffelkrümel in die Springform geben und Apfelmus, Marmelade oder frisches Obst darauf füllen. Dann die andere Hälfte der Kartoffelkrümel darübergeben und abbacken. Ausgekühlt mit Puderzucker bestäuben.

Notizen & weitere Rezepte:

Moder, Moder, guk,
Wat waggelt in min'n
Buk?
Dat eß de süer Kärn=
melk,
Welle so gähn herüt.

Letzte Prise zum Abschmecken:

Ein Kochbuch aus dem Ruhrgebiet? –
Eigentlich zunächst nur eine Rezeptesammlung.
Gesammelte Rezepte – im Ruhrgebiet gesammelt, da, wo es „kernig" ist – in der Siedlung, bei den Bergmannsfrauen, im alten Kotten, der sich noch neben dem Kühlturm hält. „Rezepte? Sowat, nee! Waiß nich! Wir ha'm dat nur so un so gemacht!"
Und das, was als das Alltägliche nicht genannt sein wollte – jetzt steht es hier in diesem Buch als das Besondere. Versteht sich – es gilt nicht alles für das ganze Ruhrgebiet. Wer will verkennen, daß es hier wie andernorts eine differenziert strukturierte Gesellschaft gibt – mit Mittelstand, mit Intellektuellen, mit Reichen und Superreichen? Und mit entsprechender Speisekarte. Doch deren Kochbücher sind ja schon längst geschrieben, vielfach schon im vorigen Jahrhundert. Für die gute Küche der feinen Leute. Hingegen jene Art, auf welche die Frauen der Gründerzeit dafür sorgten, daß ihre Männer „wat in'ne Rippen" kriegten, um überhaupt „gründen", abteufen, abstechen, hacken, schaufeln, spitzen, aufbauen, ranhauen, wulacken, schuften, malochen, krücken zu können – wo steht darüber etwas geschrieben? Ihre Töchter hatten noch von ihnen gelernt – aber fragen nicht die Männer heute vor ihrem Kantinen-, Konserven- und Automaten-„Menü": „Wie hat unser Mama dat eigentlich gemacht, wat se unserm Vatter immer für'n Henkelmann gekocht hat – und wat immer so doll geschmeckt hat? Weiß dat keiner mehr? " ? –
Mit diesem „Kochbuch aus dem Ruhrgebiet" soll der Versuch gemacht werden, daran mitzuhelfen, daß die alten Eßgewohnheiten nicht vergessen werden, daß sie weiterleben.
An seinem Zustandekommen haben zahlreiche Männer und Frauen aus dem Ruhrgebiet mitgeholfen. Sie haben sich bereitwillig in die Töpfe gucken lassen, mit Wohlwollen daraus kosten lassen. Und „Petersilie, Suppenkraut, wächst in unserm Garten . . ."

Allen sei herzlich gedankt! –

Und wer noch andere Rezepte aus dem Ruhrgebiet weiß, der mag sie uns mitteilen.
Und wer etliche dieser Rezepte nicht kennt, obwohl der neben der Zeche groß geworden ist: Stammten die Nachbarn nicht aus 'ner andern Ecke? Aus Westfalen oder dem Rheinland, aus Ost- oder Westpreußen, aus Pommern oder aus Schlesien, aus Österreich oder Polen, aus Hessen oder aus Bayern, aus Holland oder von hier und dort? Da wurde vieles anders gekocht. Sie alle haben ihre Eßgewohnheiten als einen Teil ihres landsmannschaftlichen Kulturgutes mitgebracht - und beibehalten und weitergegeben und schließlich auch anderes übernommen und Neues daraus entwickelt.

Doch hier unser abschließender Tip:
Probieren, kochen und „Reinkommen, essen!" - wie bei Mutter, aus dem Ruhrgebiet! - Mahlzeit!

Gisela und Hedi Allkemper

Notizen & weitere Rezepte:

P.S. Das mit dem blaukarierten Handtuch als Umschlag für dieses Kochbuch hängt damit zusammen, daß früher die Kumpels ihr sogenanntes „Mutterklötzchen" in ihr Grubenhandtuch einwickelten – das tägliche Brennholz-Deputat zum Herdanzünden, abgesägt vom „ausgeraubten" Grubenstempel, oder – unerlaubterweise – vom frisch angelieferten. So oder so – Mutter brauch-

Notizen & weitere Rezepte:

te ein Klötzchen, wenn sie das Essen kochen sollte. Und wer vorn am Tor nicht auffallen wollte, der wickelte sein Mutterklötzchen eben in sein Blaukariertes ein.

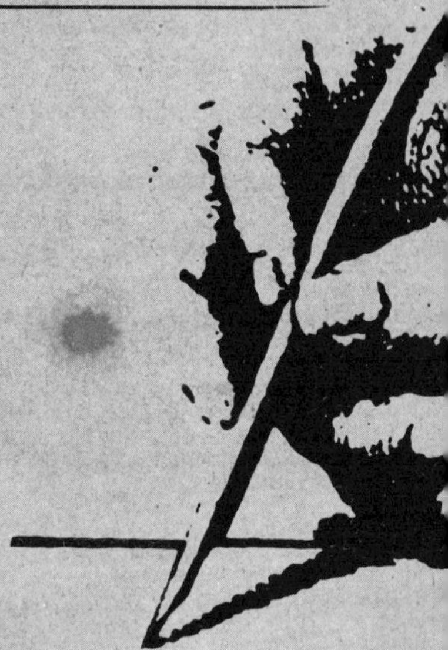

Begrüße froh den Morgen,
Der Müh' und Arbeit gibt;
Es ist so schön zu sorgen,
Für Menschen, die man liebt.

Inhalt

I. Suppen

Fleischbrühen

Gebundene Suppen

Suppeneintöpfe

Süße Suppen

Soppen

II. Fleischgerichte

III. Hausschlachtung

IV. Geflügel- und Kaninchengerichte

Geflügel

Kaninchen

V. Fisch

VI. Eintöpfe

VII. Kartoffelgerichte

VIII. Eier- und Pfannekuchengerichte

Eiergerichte

Pfannekuchengerichte

IX. Gemüse und Salate

Gemüse

Salate

X. Desserts

XI. Brot und Gebäck

Brot

Gebäck

Liebe Leserin, lieber Leser,

Als wir vor einem Jahr mit Frau Gisela Allkemper und Frau Annelene von der Haar „Das Kochbuch aus dem Münsterland" vorbereiteten, konnten wir nicht wissen, wie erfolgreich dieses Buch und diese Kochbuchserie werden würde.

Ich war zwar damals schon davon überzeugt, daß man nach den „Internationalen Freßwellen" sich der heimischen Küche besinnen würde, nach Großmutters Rezepten, nach Mutters Herd, nach Derbem und Herzhaftem. Das hat sich bewahrheitet, auch wenn man sagen kann, daß sich viele Interessenten unserer Kochbücher für die schöne Aufmachung begeistert haben.

Drum schenkten es Männer ihren Frauen, Mütter ihren Schwiegertöchtern und Junggesellen ihren Zukünftigen usw. usw. . . .

Frau Gisela Allkemper war unser Chefkoch für dieses Ruhrgebietkochbuch und es freut uns besonders, daß sie nicht nur praktikable typische Rezepte aus dem Kohlenpott gesammelt hat, sondern mit ihrer Schwägerin Hedi, sie kommt aus Gladbeck, ein so gutes und erklärendes Nachwort geschrieben hat. Beiden allerbesten Dank an dieser Stelle.

Die Zutaten zu diesem Buch kamen in diesem Fall von Herbert Koch, „Kumpel Anton", im Ruhrgebiet allseits bekannter Schreiber typischer Ruhrgebietsdialoge, von der Weberei Bauer, die seit 100 Jahren Grubenhandtücher herstellt, den Mitarbeitern meines Hauses und der Druckerei Cramer in Greven.

Freuen würden wir uns, wenn Sie uns helfen, dieses Buch in Zukunft noch zu verbessern und zu erweitern. Anregungen, Tips und Ergänzungen berücksichtigen wir gern, und wir freuen uns über jeden Brief.

Es wären viele Namen zu nennen, allen, die mit Zutaten zu diesem Buch beigetragen haben, die die Feinheiten abschmeckten und kräftig umrührten, an dieser Stelle unseren herzlichen Dank.

In unserem Verlag sind erschienen: